让非暴力沟通成为一种生活方式

面对羞愧，让我们活得更自在

应对冲突的核心能力与方法

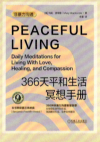

小冥想带来生活大转变
荣获富兰克林奖

正念练习让我们
以非暴力沟通的方式生活

（书名与封面暂定）
停止内耗，创造期望的生活

更多优质图书
敬请期待！

编辑热线
010-88379701

如果你希望生活更幸福
如果你热爱非暴力沟通
如果你喜欢分享
如果你希望帮助家人和朋友
……

欢迎加入 ▶▶▶

NVC书粉圈

宗旨：读得懂、讲得出、用得上。
目的：以书会友，和成千上万的NVC书粉们一起共读书籍、共享经验、共创智慧。

万人领读计划

应广大非暴力沟通爱好者的强烈呼吁，NVC学习中心发起了"万人领读计划"，旨在通过读书分享，共同学习，互帮互助，来推广非暴力沟通。现招募领读人！

领读人权益

- 获得读书会带领辅导资格，迅速成长
- 与作者面对面交流，深入学习
- 优先参加NVC学习中心举办的课程与活动
- 更多权益敬请期待！

扫码添加小助手微信
加入NVC书粉圈和万人领读计划

非暴力沟通

ANGER, GUILT &
SHAME
Reclaiming Power and Choice

转化羞愧，绽放关系

[瑞典]丽芙·拉尔森（Liv Larsson）著
岸歌 译　李夏 审校

ANGER, GUILT & SHAME: Reclaiming Power and Choice / by Liv Larsson / ISBN: 978-91-979442-8-1

Copyright © Liv Larsson 2012

Copyright in the Chinese language (simplified characters) © 2023 China Machine Press

All Rights Reserved. Authorized translation from the English language edition by Friare Liv AB

本书中文简体字版由机械工业出版社在中国大陆地区（不包括香港、澳门特别行政区及台湾地区）独家出版发行。未经出版者书面许可，不得以任何方式抄袭、复制或节录本书中的任何部分。

北京市版权局著作权合同登记　图字：010-2020-6358号。

图书在版编目（CIP）数据

非暴力沟通：转化羞愧，绽放关系 /（瑞典）丽芙·拉尔森（Liv Larsson）著；岸歌译. — 北京：机械工业出版社，2022.8（2024.8重印）

书名原文：ANGER, GUILT & SHAME: Reclaiming Power and Choice

ISBN 978-7-111-71389-0

Ⅰ.①非⋯ Ⅱ.①丽⋯ ②岸⋯ Ⅲ.①心理交往 – 通俗读物

Ⅳ.①C912.11-49

中国版本图书馆CIP数据核字（2022）第148100号

机械工业出版社（北京市百万庄大街22号　邮政编码100037）

策划编辑：徐曙宁　　　　　　责任编辑：徐曙宁　仇俊霞

责任校对：史静怡　张　薇　　责任印制：李　昂

河北宝昌佳彩印刷有限公司印刷

2024年8月第1版第3次印刷

169mm×230mm・16印张・2插页・177千字

标准书号：ISBN 978-7-111-71389-0

定价：69.80元

电话服务	网络服务
客服电话：010-88361066	机　工　官　网：www.cmpbook.com
010-88379833	机　工　官　博：weibo.com/cmp1952
010-68326294	金　　书　　网：www.golden-book.com
封底无防伪标均为盗版	机工教育服务网：www.cmpedu.com

请看到我的美好

请看到我的美好,

找寻我美好的地方,

那是真正的我,

也是我想成为的样子。

或许会花一点时间,

或许不容易觅得,

但还是请你看到我的美好。

请看到我的美好,

每一天都尝试一下,

找寻那个方法,

在我做的每一件事情里,

请看到我的闪光点,

请看到我的美好。

——雷德·格拉默(Red Grammar)

推荐序

羞愧感是生命的导航仪

这些年,我们一直在不遗余力地分享非暴力沟通。我们发现,在接触过的诸多人中——无论是父母、公司员工、孩子、大学生、教师,还是其他任何人,绝大多数人都渴望接纳自己、爱自己,也期待被爱。人们渴望与周围的人建立联结,渴望身心平和、自在愉悦的生活。遗憾的是,多数人的生活里充满了暴力、苛责、愤怒,而这些和人们内心深处的羞愧感息息相关。

《非暴力沟通:转化羞愧,绽放关系》即将出版,我们心中感到欢呼雀跃!羞愧感对各种关系影响深远,遗憾的是无论是在国内还是国外,大家对这个领域的关注并不多,尤其是关于羞愧感对关系影响的书籍和研究资料也很难看到。现在有这样一本深入探讨羞愧对各种关系的影响的中文书籍,可以让更多人了解羞愧感的重要性,有机会

ANGER, GUILT & SHAME
Reclaiming Power and Choice

化解羞愧感，提升内在力量，创造幸福和谐的关系，这令我们非常激动！

你能想象吗？无法自制的过度消费与过度饮食；金钱的匮乏感；充满挑战的亲密关系、亲子关系；不懂得爱自己，忽略自己，讨好别人；工作中倾向做一个透明的、似乎不求回报的老黄牛——这些情况以及愤怒、自责、完美主义、自卑、焦虑、内疚等不良情绪的背后都离不开羞愧感的影响。羞愧感像影子一样与我们相伴相随，却很少被关注。

羞愧感是一种高自卑、低自尊的情感状态，在霍金斯能量层级表里处于最底层，能量值只有20，是一种接近死亡的能量，会严重摧残我们的身心健康。我们的一言一行都受到羞愧感的影响，而我们却很难捕捉到它的存在。羞愧袭来的一瞬间，我们会像触电一样逃开，继而感觉尴尬、愤怒、恐惧、内疚等。在羞愧感的控制下，我们会产生强烈的无力感，驱赶着我们逃避和退缩，对真实的自我弃之不顾，恨不得立马找个地缝儿钻进去。

深陷羞愧感的人，很少会对自己满意，会不由自主地陷入自卑的恐慌："我为什么这么差劲？""是不是只有我这样？""身边的人会怎么看？"不论自己长得高、矮、胖、瘦，总觉着自己"不够好"，即使有很多人已经告诉你，你"很漂亮"。带着羞愧感的人，总是善于敏锐地捕捉自己的"不足之处"，比如外貌、身高、体重、姓名、工作、学历、亲密关系、亲子关系……

羞愧感将那些"不够好"的地方放大、加深，让我们以为全世界只有自己这么糟糕，永远无法摆脱"不够好"的困扰。

因为担心"不完美的自己"被他人发现，会有意无意地与他人疏离，试图戴上面具，或者大刀阔斧地"改造自己"，比如买名牌衣服、奢侈品包、各种名牌化妆品、整容、改名、"自虐式"减肥等，似乎这些问题解决了，就能过上真正幸福的生活。

现在人与人之间的真实接触越来越少，大家已经习惯生活在互联网的世界里，购物、工作、交流。在微信朋友圈、微博等媒体平台上，晒自拍、晒娃、晒亲密、晒富足、晒旅行见闻、晒各种生活片段。争先恐后地"展示"，渴望被别人看见、欣赏、理解或者是羡慕。晒出的照片、视频、文字等可能都是经过美颜、剪辑、字斟句酌地修饰出来的，像是一部精心制作的"彩排纪录片"，以此来回避羞愧感带来的高自卑、低自尊，试图满足自己对被看见、价值感、联结、爱等的需要。

虽然渴望被认可、被接纳、被欣赏，却不停地否定自己。一旦接收到认可、欣赏、赞美，又会陷入不知所措的状态。

深陷羞愧感还会让我们情绪不稳定，容易愤怒、指责，以极其苛刻的标准苛责自己或他人，容易暴怒，甚至产生暴力行为。如果无视或忽视羞愧感的影响，不去彻底化解它，虽然你会发现学习了很多情绪管理的方法，生活却没有丝毫改变，这让你产生强烈的挫败感。

本书给我们带来了希望，让我们知道用非暴力沟通化解羞愧感，可以从根源上解决问题，让我们在任何时候都能看见更多可能性并做出选择。

化解羞愧感的过程，其实是与真正的自我联结的过程，帮助我们看见自己的感受和需要。而且你会发现，越是敢于对自己诚实，我们就会越有勇气，活得也更自由自在。

不要只是走马观花地了解书里的理念，参与进来，按照书中的练习去做，相信你能体验到震撼人心的、由内而外的改变！也欢迎你加入我们的NVC社群，在我们的支持下，穿越羞愧、愤怒与内疚，重获力量与自由！

衣文霞

前　言

有时候，我会和丈夫半开玩笑地提起一些我们朝对方发火的那些时刻。奇怪的是，我们只记得自己说过的一些话，还有做过的一些不那么恰当的举动，当被问到冲突的起因时，我们却很少记得是为什么生气了。尽管在当时看来，弄明白到底是谁的问题似乎是最重要的事情，但一段时间之后，我们甚至不记得因何开始争吵了。在盛怒的狂风暴雨中，各自的立场似乎无比重要。为了证明自己是对的一方，我们不惜用尽各种难听的话语和暴力的行为。后来，当探索这些冲突的根源时，我们发现常常是为了自主权、关爱和尊重。正是这些我们看重的价值或者说是需要才是极为重要的。

慢慢地，我逐渐认识到，当我把自己的感受归咎于他人，就错过了自我成长以及探索自己内心世界的机会。之前我浪费了很多精力去指责他人，而现在，这些感受帮助我把精力用在改变我想改变的事

ANGER, GUILT & SHAME
Reclaiming Power and Choice

情上。

当我们在愤怒时不去指责别人,而是为自己的感受负责,就能找到更有建设性的表达方式。当我们把感受与它背后的需要联结,就会打开对话的大门,各方的需要也更容易得到满足。如果冲突中的各方都无须放弃自己的需要,这会对双方的关系十分有益。

第一次参加马歇尔·卢森堡主持的非暴力沟通(Nonviolent Communication,简称NVC)培训时,他说过一句话:"不要为了避免羞愧和内疚做任何事。" 我花了几年的时间才真正理解了这句话的含义。当深入探究这句话时,我发现自己对于人际沟通的理解更为深刻了。同时我也看到,羞愧、内疚和愤怒是与自己内心联结的关键钥匙。

我在写本书的过程中发现,在愤怒和内疚的背后时常暗含羞愧,以及对尊重的渴望。为了了解自身的需要,我们亟须探索愤怒和内疚，也要了解羞愧。了解羞愧能够极大地提升我们处理愤怒和内疚的能力，因此我决定更深入地去了解羞愧。

在着力探索羞愧时，我也开始使用第五章中的需要指南针，这让我进一步获得了自由。我投入了大量时间和精力了解愤怒、内疚和羞愧，并且和它们成为朋友。

我也很荣幸从其他人的经历中学习，包括那些参加我的需要指南针培训的人们。

我希望你在本书的帮助下惊喜地发现，创造自己渴望的生活并非想象中那么困难。你会看到，在生命的每个时刻，你都有可能与自己内心当下的体验建立更紧密的联结。随着深入了解本书的内容，内疚、羞愧和愤怒将成为你新的朋友。

在本书中，我也希望能够向你展示，愤怒、内疚和羞愧紧密地纠缠在一起，它们建立在人类八千年来习得的一种思维模式之上。尽管本书的大部分内容都在探讨如何更有效地处理愤怒、内疚和羞愧，但我同时发现，是权力凌驾型关系模式触发了这些情绪的产生。只有从根本上改变这种关系模式，我们才能自信地说，我们真的可以改变现有的生活方式。然后，我们才能够更接近自然的人性，权力凌驾型关系模式才会逐步地更加以人为本。

我的愿景是，三十年后，现在出生的人读到这本书时会惊叹不已。那时，他们会感慨现在的我们到底在忙什么，感叹我们为何需要如此多的工具来完成于他们而言非常简单自然的事情。

丽芙·拉尔森（Liv Larsson）

目录

推荐序
前　言

第一章　羞愧、内疚和愤怒

002　重新认识羞愧、内疚和愤怒
004　我们的思维方式制造了问题
006　天性还是文化的产物？
008　一种改变的方法

第二章　关于控制的神话

012　暴力的根源
013　神话塑造的世界
019　惩罚和奖励
022　权力凌驾型文化
023　两种文化的对比
025　语言中的暴力

ANGER, GUILT & SHAME
Reclaiming Power and Choice

03

第三章　我们的沟通方式

- 034　非暴力沟通（NVC）
- 035　期待愤怒、羞愧和内疚来敲门
- 036　创造联结的沟通
- 054　引发羞愧和内疚的沟通
- 057　感到羞愧时的应激处理方式
- 062　同理心
- 074　"需要"的语言带来联结和慈悲
- 075　转化愤怒和羞愧

第四章　羞愧的冒险之旅

- 080　当羞愧袭来
- 083　什么是羞愧？
- 092　是什么引起了羞愧？
- 107　无处不在的羞愧
- 128　做羞愧的主人
- 129　羞愧和脆弱
- 131　通过羞愧看到需要
- 133　处理羞愧练习

05

第五章　需要指南针

142　学会识别羞愧

143　逃避羞愧的需要指南针

144　这是谁的错？

145　谁拥有权力？

146　应对羞愧的四个方向

148　转化自己的羞愧

164　支持他人处理羞愧

168　从羞愧到脆弱的练习

第六章　外强中干的骄傲

174　骄傲使人退步？

176　骄傲和感激

177　对感激羞愧

178　三种类型的骄傲

目 录

第七章　不可思议的愤怒

- 184　愤怒的目的
- 186　暴力的核心
- 187　娱乐暴力
- 189　从羞愧到愤怒，再到暴力
- 191　愤怒想告诉我们什么？
- 192　愤怒敲响警钟
- 193　愤怒时从一数到十
- 194　当我们认为愤怒是错误的
- 196　不情愿的后果
- 198　女人的愤怒
- 199　儿童的愤怒
- 200　使用保护性强制力
- 202　愤怒管理练习

第八章　喋喋不休的内疚

- 208　喋喋不休的内疚
- 210　羞愧与内疚的区别
- 211　引起内疚和羞愧的想法
- 213　将内疚转化为需要
- 215　停止扮演上帝
- 217　内疚和要求
- 218　内疚和替罪羊
- 220　内疚和自信、自尊
- 222　金钱和内疚
- 223　从内疚中解脱
- 225　内疚转化练习

- 228　后　记
- 229　注　释
- 233　参考文献

XVII

重新认识羞愧、内疚和愤怒

我们的思维方式制造了问题

天性还是文化的产物?

一种改变的方法

第一章

羞愧、内疚和
愤怒

01

重新认识羞愧、内疚和愤怒

"我们无法用制造问题的思维方式来解决问题。"[1]

——阿尔伯特·爱因斯坦

处理愤怒、内疚和羞愧这类感受很富有挑战性，是因为它们和某种特定的思维方式有关。当发现这一点的时候，我对这些感受产生了莫大的兴趣。这种思维方式在大部分现代文明里都能找到，可以被看作是文化里的细分文化。我们经常忽视这些思维方式背后的感受和需要，因为在这种模式下，相比自己的需要，我们更关心孰是孰非。通过觉察自己的需要，我们能够发现新的思维和联结方式。

本书基于以下假设：

> 羞愧、内疚和愤怒是为生命服务的信号。
>
> 一直以来，我们都误读了这些信号。
>
> 如果我们想要有效地管理这些感受，使之服务于我们，就需要重新解读它们。

第一章 羞愧、内疚和愤怒

只要我们还在因为自己的感受指责谁，就会错过它们传递的重要信息。一直以来，人们都在错误地解读羞愧、内疚和愤怒，我们需要重新诠释它们想告诉我们的东西。当我们聆听这些感受背后的需要时，处理它们也就没有那么难了。一旦我们将这些感受与其背后的需要联系起来的时候，它们就被转化了，这种转化使我们与他人以及自身的联结就更容易了。

对我来说很有意思的是，在探索愤怒、内疚和羞愧时，它们和我们习得的观念是否正确、是否合适、是否正常紧密相关。由于某个人的行为方式是大多数人所不能接受的，因而产生了这些感受，我们可以称之为"残留物"。这些"残留物"的核心，其实是与生俱来的感受和需要。

由于我们在传统教育中习得的思维方式与生命本身并不一致，产生愤怒、羞愧和内疚等"残留物"在所难免。然而，这些情绪却是对生命有用的信号，觉察它们相当重要，因为它们有助于我们意识到制造这些信号的系统，并向我们展示我们是何时以及如何被这些系统所影响的。

我们可能会认为，学习如何处理这些感受应当是每个人自身的责任，或者把这些情绪归罪于所在的系统。然而我最感兴趣的是，这些感受能给我们提供信息，让我们知道如何做出改变，从而过上祛除这些"残留物"的生活。我们如何创建一种内在气候，充分地为我们的生命服务，并惠及我们的家庭、学校还有其他领域？首先，要使用一种关注人内在体验的语言，而非关注某人做的是对是错，这将使我们更容易在生活中顾及每个人的需要。

我们的思维方式制造了问题

> "愤怒是唤醒我们意识的闹钟,是有价值的。它让我们意识到当下有未被满足的需要,意识到我们此时的思维方式很有可能无法满足它。"[2]
> ——马歇尔·卢森堡(Marshall Rosenberg)

人们经常把愤怒、羞愧和内疚当作亟须处理的问题,或者是要摆脱的东西。想象一下,有个人习惯躺在床上抽烟,由于他无法忍受每次床着火时烟雾报警器发出的噪音,于是他就不停地搬家。[3]我们出现愤怒、羞愧和内疚时也是如此,会不惜一切代价地逃离。然而,与其努力摆脱它们,不如把它们当作向我们报告"着火了"的内在警报系统。它们在提醒我们要更警觉,所以不要设法摆脱它们,而要聆听它们在告诉我们什么。

愤怒、羞愧和内疚提醒我们有未被满足的需要。可是,引发这些情绪的思维方式却很难帮助我们去满足这些需要。这种思维方式只会扰乱我们,让我们寻找是谁做错了,以至于我们无法专注于自己的需要。

羞愧和内疚是自己有问题、做了错事,或者应该采取不同的行为等想法引发的。当我们厌倦了内疚或羞愧的感觉,就会把注意力转向寻找别人的缺点,接着,我们就会生气,肾上腺素在体内窜动,我们可能会感到血脉贲张。这时我们可能认为自己非常生龙活虎,尽管我们根本都没有联结到自己的需要。由于我们错过了了解自己需要的契机,所以就出现一个巨大的风险——我们接下来要采取的行动非但无法服务别人，从长远来看也不利于我们自己。

生了一会儿气之后，人们常常会转而感到内疚或羞愧，尤其是当我们意识到生气是不对的时候。当我们不断用威胁、强迫，或其他方式来表明我们认为对方有错，我们中的很多人很快就会陷入羞愧并责备自己，评判自己行为不当、不成熟、鲁莽，或认为自己愚蠢自私。

当我们"鞭策自己"的时间一长，并且被"我不好"的想法折磨得筋疲力尽时，指责的钟摆就又开始摆向相反的方向，我们把对自己的评判和要求转向对方。如此往复循环，难以摆脱。

"联合心灵"（United Minds）㊀对羞愧的调查表明：人们在盛怒之后通常会感觉异常羞愧，⁴尤其是人们冲自己的孩子发火之后。作家艾尔菲·克恩（Alfie Kohn）准确地捕捉到了这种摇摆不定的教养方式，他引用了一位家长的话："我先是非常骄纵孩子，以至于开始讨厌他们。然

㊀ 一家专注于企业变革、员工成长的咨询企业。——译者注

后我又对他们过于严苛,以至于开始讨厌自己。"[5]

我们会惊讶于愤怒引发的暴力,并且会发现尽管愤怒很容易被点燃,但并不总是引发暴力,这一点也许与我们想象的不一样。在暴力行为的背后,通常是经历了屈辱或者某些人类的基本需要(常常是尊重或接纳)没有得到满足。如果不是遭遇了"不尊重",人们不会爆发并诉诸暴力。我们不知道如何忍受羞愧和屈辱,因此使用暴力就变成了一个"很好"的出口。多数情况下,冲突不是因为愤怒而爆发,而是一个有着战略部署的游戏。行事冲动和怒气冲冲的长官通常是那些被降职或受到惩罚的人。殴打同居女人的男人也通常会计划好何时和如何动手。对于家庭暴力的研究表明,这种类型的暴力很少是由于突然爆发的怒火而引起的。[6]

天性还是文化的产物?

孩子天生脆弱。这种与生俱来的脆弱可以被视为我们与环境相互依存的恒温器,提醒我们互相尊重、言行一致和社群等重要的需要。这种脆弱让我们意识到内部和外部的影响因素,帮助我们学会与他人和谐相处。因而,这种先天的脆弱是羞愧的核心。

当我们感到羞愧时,肩颈肌肉就会无力,这会让我们垂头丧气、眼神迷离、头低下来、肩膀耷拉着。羞愧还会导致面部和全身发热,看起来面红耳赤。强烈的羞愧也会让我们胃部感到紧缩。每个人可能会有其他不同的表现。有时神经质地发笑；有时嘴角挂着尴尬的笑；还有的时候，张口结舌，嘴巴发干。

当羞愧转为愤怒，身体反应也随之改变。我们紧咬牙关，面目狰狞，脸涨得更红，嗓门更高，嘴唇紧抿。出现的身体反应部分取决于我们遏制了多少怒火，又有多少表现出来。

与愤怒和羞愧相反，当我们感到内疚时却没有普遍的身体反应。心理学家西尔文·汤姆金斯（Silvan Tomkins）研究人类情绪状态时，没有发现我们感觉内疚时身体的特定反应。[7]㊀

内疚这个词，被用来描述对我们身体有不同影响的一系列不同的情绪，比如后悔、难过、不开心等。当人们感觉内疚时，常常出现相似的想法——我们认为自己不应该像现在这样做，而应该做出改变；如果不改变，就应当受到批评甚至惩罚。由于"应该"这个词常常导致内疚，我们可以把它当作一个信号，一个可以提醒我们觉察何时处于内疚情绪的信号。当天生的脆弱与受文化影响的思维方式相互作用，羞愧就变得令人不适。也许，现在到了我们重新找回羞愧、内疚和愤怒之间相互影响的本质，而不是让它们阻碍我们与自己和他人联结的时候了。

> 羞愧使我们窒息，让我们有口难言。
> 内疚使我们恐惧，让我们有心无力。
> 愤怒使我们盲目，让我们悔不当初。

㊀ 汤姆金斯曾经将内疚称作"道德羞愧感"，他认为内疚源自羞愧。

一种改变的方法

我将在本书中使用非暴力沟通的方法来进一步了解羞愧、内疚和愤怒。这意味着我将采纳一种假设，那就是：每个人的行为都是为了满足某种需要。即便人们指责、威胁甚至使用暴力㊀对待别人时，我们仍然可以把这些行为当成一个人为了满足需要所做的尝试，尽管是悲剧性的方式。[8]

我们运用非暴力沟通转化羞愧、内疚和愤怒，这样更容易帮助我们触碰到自身的需要。与其试图逃避它们，不如把它们与我们的需要联结，从而更深入地了解自己的内心世界。这样一来，我们就有更多的方法来处理羞愧、愤怒和内疚，而不是羞于与人交往，或者责备自己或他人。我们既无须摆脱这些情绪，也无须对抗它们。

尽管有很多方法可以了解羞愧、内疚和愤怒，但非暴力沟通是迄今为止我觉得最有效的。非暴力沟通可以让我们找到愤怒、羞愧和内疚背后的驱动力，而不会陷入孰对孰错的争执。为了达成这样的目标，我们要有意愿去探索人类的天性。因此，第三章描述了如何把非暴力沟通的各个方面用在这一令人兴奋和激动的探索中。

下面这首诗谈到了在做出新的选择（比如我在这本书中建议的那些选择）时，我们会感到脆弱。同时，我也很喜欢它给我的提醒：拥

㊀ 伊思达（Isdal）对于暴力的定义是："暴力是指任何给他人带来伤害、恐惧、侵犯和虐待的行为。"

第一章 羞愧、内疚和愤怒

抱羞愧给予的力量和可能性，让我成为真实的人！

感谢上天，

也许它指引你

走向无人去过的荒芜之地。

感谢上天，

如果它给你钉上羞愧。

你必须在羞愧的更深处

找个避难所。

有时，即使全世界都在谴责，

那事依然可以好好存在。

法外之人的灵魂常常重获新生。

被迫进入荒林的人

以全新的眼光看待一切，

怀着感恩的心情

品尝生命的面包和盐。

当你打破枷锁时，

你要感谢上天。

如今你能做的选择

唯有现实和内心。[9]

——凯琳·玻依（Karin Boye）

暴力的根源
神话塑造的世界
惩罚和奖励
权力凌驾型文化
两种文化的对比
语言中的暴力

第二章

关于控制的神话

02

暴力的根源

多年来，我一直反对这样的观点："人性本恶，本性难移。"我穷尽全力证明自己是"对的"，为我的观点据理力争。我所有的关注点都放在了去说服别人，让他们相信人类真的不是天生就暴力的。然而，这么做成效甚微。我意识到，尽管我反对这样的观点，但我采取的方式却恰好证明了人类有潜在的暴力倾向，喜欢争强好胜。后来，我常常为自己的言行感到羞愧和沮丧。

人类有潜在的暴力，这一点看每天的报纸或者电视新闻报道就可以知道。但是我们也能看到，人类还有关怀他人、给人温暖和爱的潜质。如果想为持续的和平做出贡献，那么培养我们与人合作和关怀彼此的能力就非常重要。

在参加一次会议时，有人问演讲者"为和平而教育"是否可行。这位演讲者多年研究以色列的教育问题，她的回答让我至今记忆犹新。她说，简而言之，如果我们培养孩子和年轻人对和平的渴望，而不同时改变旧的善恶观念，我们可能会看到更多的暴力。她进一步解释说，在大多数巴勒斯坦和以色列的学校里，老师们进行和平教育时，通常是让孩子们写以和平为主题的论文、画和平鸽或唱关于和平的歌曲。学校以这种方式培养和保持学生们对于和平的向往。但同时，和大多数学校系统一样，那些学校仍然使用以对错、好坏等道德评判为基础的思维方式来训练学生。全世界的学生都在学习某种行为方式是坏的，另外一种是好的，而好坏的区分遵循的是手中握有权力的人设定的标准。在这种教育方式下，当看到战争发生时，人们会问自己：谁应该对战争负责？是谁的错？一旦对另一个群体抱有强烈的"敌人形象"，我们会很快得出答案，认为是除自己和所属群体之外的人造成的。因此，我们确实培养了学生们对和平的强烈渴望，但同时也为更多的暴力制造了温床。

为了找到暴力的根源，我们首先需要意识到人类的思维方式对我们产生了多大的影响。除了唤醒对于和平的渴望，我们还需要改变旧有的思维方式，因为它们不会把我们带向和平。我们身处的世界和内心的烦扰都证明了这种思维方式是一种不知所以的神话，虽然我们学到的是相信它是真实存在的。

神话塑造的世界

大约八千年以前，人类祖先中的大多数人开始认为自己是世界的中心，而之前人类原本相信我们只是浩瀚宇宙中的一部分。[1] 我很喜欢哈特曼（Hartmann）总结的人类进化过程中发生的事情。这种发展有很多原因，在此我可以非常简单地描述一下。即便只是浅显地了解这个过程，也有助于我们探索愤怒、羞愧和内疚。

过去几千年，现存的大部分语言都有所变化，从描绘过程变得更加静态化。我们发展了一套包含诊断、标签和分析在内的语言。使用这种静态化的语言，人们更容易区分自己和他人，更容易进行比较，也更容易判断谁应该得到奖励、谁应该受到惩罚。语言的发展是为地位显赫的人士（无论是国王、皇帝还是牧师）服务的，而不是为生命服务的。[2]

从前，人类把自己看成是大千世界的一部分，后来演变成把地球当作宇宙的中心，并由人类掌管。造物主为人类创造万物，人类是万物之王，因此有权力去剥削和控制其他物种。男人得到凌驾在女人之上的权力，成年人获得控制儿童的权力，一群人拥有统治另一群人的权力。我们开始对土地、对其他物种划分所有权，开始相信各种神话，例如地球是由毁灭善良的邪恶力量创造的。我们学到的是，人是用土捏的，生来就是坏的、有罪的、邪恶的。我们还学到，一些人比另一些人要好一点儿，因此他们有权力统治别人。人类本质上就是有罪的、邪恶的、自私的，这种观点成了"真理"：为了保证大家不被伤害，我们需要有人管着。

终于，在哥白尼和其他科学家的帮助下，人们意识到，地球的确不是宇宙的中心。经过很长时间的抵抗（人类处死了那些找到"地球围着太阳转，而不是太阳围着地球转"的证据的人们，还有很多诸如此类的例子）之后，人们的世界观逐渐产生了些许变化。[3]但时至今日，人们仍旧认为地球和人类文明是宇宙的精神中心。

第二章 关于控制的神话

我们一直使用的静态化语言，为世界创造出一幅确定的和静态的画面，看上去我们似乎可以定义事物的状态。从这个有限的维度来看，它让我们有能力快速将人划分成正常或不正常、正义或者邪恶，以及定义事情应该是怎样的。

"神话从很久以前就开始了，人天生是邪恶而自私的——只有英雄的一派打败了邪恶的另一派后，正义才会降临。人类已经在这种毁灭性的神话中生活了很长时间，并形成一套语言系统，去除了人性，将人物化。"[4]

——马歇尔·卢森堡（Marshall Rosenberg）

一千多年前的北欧人崇拜所谓北欧神话中的雷神和其他神灵，如果我们有机会向他们提问，有可能出现这样的对话：

——你能和我聊聊雷神的神话吗？他是怎么用锤子创造雷声的？
——你说什么，神话？！

人类社会需要借助神话来解释世界为什么是现在这样，为什么会发生现在正在发生的事情。如果一个故事被讲了很多遍，并且在日常生活中得到了多次证明，它就不再是故事或者神话，我们会逐渐对其深信不疑。事情发生时，人们好像接受了这个故事，尽管这会毁掉他们的生活。

我经常问自己，现今社会有什么是我们已经熟视无睹的神话。有什么像雷神这样的问题，会让我们和一千年前的北欧人答案一致？我们有什么样的信念，在一千年后会被称作古老的神话？现在有什么是我们习以为常的、不证自明的真理？我们又有什么样的信仰会让一千年后的人们感到叹息？

文克（Wink）、奎恩（Quinn）、哈特曼（Hartmann）、克拉克（Clark）和其他很多作家已经将我们每天都在遵循的行为导向描绘成了一个现代神话。文克把它叫作"暴力救赎的神话"。㊀

这个神话诱导我们相信用暴力可以解决矛盾。这个逻辑看似合理，因为在暴力行为之后往往会产生一种和谐，而且至少会持续一段时间。不过人们忘记了，再过一阵子，暴力常常会伴随着更大的能量卷土重来。

我研究暴力时间越长，就越同意文克以下的话，他抓住了暴力的核心要点：

> "暴力救赎的神话是对当今世界所认知的邪恶最为简单、最为懒惰、最令人兴奋，又毫不复杂、毫无理性、最为原始的描绘。而且，当代所有的孩子（尤其是男孩子）几乎都是浸泡在这强调邪恶的神话中长大成熟的。㊁" 5

为何这个神话在世界上有如此广泛的影响？原因之一，或许是它十分简单却又令人兴奋。它贯穿在所有故事中——就像编进电脑程序

㊀ 瑞亚内·埃斯勒（Riane Eisler）在她的书《圣杯和剑道》中把它命名为"控制的神话"。文克（Wink）在他的《权力》三部曲中，采用了"暴力救赎的神话"这个说法。

㊁ 文克（Wink）在其著作《权力：新千禧年的神学》中，将少数人控制多数人的社会称为"统治的文化"。

中的一段代码。它存在于儿童教育、体育运动和成人娱乐世界的方方面面，在电影、童话、诗歌、音乐和游戏中无处不在。

在作家丹·布朗（Dan Browns）所著的小说《失落的象征》（*The Lost Symbol*）中，主角罗伯特·兰登（Robert Langdon）是一位研究符号的专家，丹写道：

> "兰登给他的学生上原型混合模式课时，选择的例子是流传了千百年并且随着时间流逝越来越被夸大的童话故事。这些故事互相借鉴，发展成具有同类基因和特质的道德故事：未婚的贞洁女子、英俊的王子、坚不可摧的城堡和强大的巫师。通过童话故事的方法，'正义对抗邪恶'的原始战役牢牢地刻在我们幼时的记忆里：梅林（Merlin）对抗摩根（Morgan le Fay），圣人乔治（Saint George）对抗恶龙，大卫（David）对抗巨人（Goliath），白雪公主对抗女巫，甚至卢克天行者（Luke Skywalker）对抗达斯·维达（Darth Vader）。"[6]

我看到这类神话一遍又一遍地在世上流传，不仅在人们的沟通和交流中出现，而且也存在于我们消耗与联结其他生物和地球资源的过程中，还存在于我们处理冲突的方式中。这个神话引导我们相信，通过使用不同形式的暴力，我们可以非常满意地解决冲突。

有些人会在孩子不听话的时候用惩罚威胁他们，或者剥夺给他们的奖励。这种方式教会了孩子可以使用暴力解决冲突。

我们评判和要求自己的伴侣、同事或者他人，一旦他们不遵从我们的意愿，就责怪他们。人们不只和他人这样暴力沟通，有时也和自己这样。很多人对自己的评判和责备更甚于对他人。

我们学会了这样的思维方式，"人们应该被惩罚，这样他们才知道自己做错了""只有伤过痛过才能吸取教训"，以及"有时只有暴力才能解决问题"。

显而易见的是，反击和复仇就是基于这个神话。但没那么明显的是，我们的教育和司法系统在很多方面也被这样的理念统治着。如果我们意识到暴力不会创造和谐，不再用胁迫、奖赏或者惩罚的方式去影响周围的环境，而愿意采取别的方式，我们就能从这种觉察和改变中受益。只有了解这个神话以及这种思维方式的局限性，我们才能避免掉进它的陷阱。很多人被训练得特别擅长这种思维方式，就如北欧神话的信奉者不会认为他的人生观只是个神话一样，我们也不会认为自己对人类天性的看法是个神话。当你看到高科技和控制的思维方式这个致命组合统治着当今大部分的世界，就会很容易感到绝望，特别是人类这么多的资源都被用在了制造武器，而不是用在给予儿童和青少年更多的支持上。㊀

联合国儿童基金会的一份报告指出：一艘核潜艇的造价可为第三世界国家的4 800万人提供饮水和污水处理系统。11架轰炸机的成本可以为1.35亿孩子提供四年的基础教育。单单一架弹道导弹的价格就相当于第三世界5 000万儿童一年的食物费用。[7] 根本问题不在于资源存不存在，而在于资源如何被使用，更重要的是，它们为何这样被使用。

㊀ 在瑞典，一个水暖工平均年薪是37.5万瑞典克朗（约24.7万人民币），一个幼儿教师每年大约挣26万瑞典克朗（约17万人民币）。相比于每天教育我们孩子的人，我们更乐意付更多的钱给为我们修管道的人。普遍存在的性别不平等当然也是造成工资差异的原因之一，但更多的是因为我们看重的价值不同。

惩罚和奖励

> "如果你养一盆植物,它没有像你希望的那样生长,你会惩罚它吗?"[8]
>
> ——马歇尔·卢森堡(Marshall Rosenberg)

在每一种文化或者系统内,人们的思维方式都被训练来支持所在的系统。我们的思维方式决定了我们沟通的方式。在每一个系统内部,对人生和人的看法影响着我们做什么事和怎么做事。

过去,国王拥有权力决定谁好谁坏,因此可以轻而易举地判定谁该受到惩罚、谁该得到奖励。在不同的时代,不同的国家、地区和文化中,沙皇、皇帝、牧师、法官或者政治家们也被赋予了这种权力。但是重点不在这些顶层人物的称呼,而在于这个系统的目的是控制它的人民。

惩罚的目的是为了促使人们改变。要帮助别人让他们行为"端正",必须先使他们羞愧,让他们觉得自己是微不足道的"无名小卒"。这种想法根植于一种观念和信念,即人会从痛苦和自我憎恨中得到教训。

为了达到这个目的,使用包含好、坏、对、错、不理智和无能等评价性词汇的语言就很有效果。并且,这个系统中的孩子们必须首先学会恰当使用"原谅"这类词语,这样可以表示他们知道自己错了,并且悔恨不已。

真的会有人相信,孩子们在被迫说"对不起"之后会变得更关心他人吗?显而易见,仅仅依靠语言文字本身,是不会有魔法般的疗愈效果的。当我们逼着一个孩子说"对不起"的时候,我们不只是逼着他说了这句话,我们还教会他:即使心里真没觉得抱歉,嘴上也可以这么说。这实际上是在教他们撒谎。惩罚和奖赏在我们身上的烙印如

此之深，以至于我们都想不出还有其他什么选择。

可是在我看来，当我们的行为没有满足自己或者他人需要的时候，感到失望或者为此哀悼是多么自然而然的、天生就会的事。无须批评自己，也允许自己难过，这样我们就学到了新的行为方式。

权力凌驾型文化

为了阐明我们如何具体运用对"权力凌驾文化"的理解，请想象一下自己就是下面故事里的安娜。在本书的几处地方，我们会从不同角度来看这个故事，你越把自己放在她的处境中，就越能理解愤怒、羞愧和内疚，甚至很可能还会联想到自己生活中的某个情景。

—— CASE ——

多年来，安娜和她的朋友们一直梦想着合开一家"文化咖啡馆"。他们花很多时间热烈地讨论，想象咖啡馆开张后的各种趣事。他们梦想着给人们创造一个空间，和有意思的人做有意思的事。这个空间可以提供音乐、表演、工作坊、身体治疗、研讨会等各种活动，也可以只是一个见面聊天喝咖啡的地方。

安娜是对这个想法最上心的人之一，她总是急不可耐地问是不是到了该采取行动的时候了。一听到哪个地方招租，她就立刻跑去查看，然后打电话和朋友讨论这个地点的优劣势。讨论得越多，安娜就越觉得和朋友们的联结更紧密，随之就越有强烈的愿望和他们一起做一些有意义的事。

然而不久后，安娜由于工作调动需要马上出国六个月，她接受了这份调动。在国外工作四个月之后，一位家乡的朋友来访时带给了她一个消息。他说她的朋友们最近在家乡开了一家咖啡馆！但是，安娜自己却没有听那些朋友们提过一个字。

如果我们认为她的朋友们做错了，不应该那么做的话，我们会很生气，会想：

"他们应该受到这样或者那样的惩罚。至少他们应该认错，而且应该感到羞愧。"

我们责怪他人，是因为忍不住地对他们的所作所为感到生气，并且因为有"应得"这个概念，我们可能还会想到报复——就为了让他们"罪有应得"。愤怒其实是一个信号，代表我们有非常重要的需要未被满足，但我们却被评判和惩罚他人的想法带偏了。诸如"他们应该知道我的感觉会是怎样"或者"他们是自私自利的混蛋"这类想法，会阻碍我们为自己的反应负责，使我们更加难以采取有效的行动去满足自己的需要。

两种文化的对比

下面我会进行一些比较，更清楚地向大家展示权力凌驾型文化与合作型文化㊀这两种不同类型的文化是如何影响我们处理愤怒、羞愧和内疚的，了解这些不同有助于我们更好地接纳它们。关注点的不同会让我们处理这些情绪变得更容易或更难。

㊀ 在《圣杯与剑道》一书中，瑞亚内·埃斯勒（Riane Eisler）命名并描绘了合作型模型，并且将它与权力凌驾型文化相比较。

愤怒、羞愧和内疚可以被当作一个信号，它们提醒我们，我们的注意力从为生命服务的内在感受，转移到了基于竞争、排名和控制的外部系统。只要懂得如何识别这些信号，我们就能获得宝贵的信息，看到自己现在正聚焦在对与错的评判上。

注意：做这样的区分也会让我们执着于对错的概念。一旦陷入对错之争，就会混淆我们做区分的真正意义，因此，请大家关注两者的区别，而不是去纠结哪种是好的、哪种是坏的。

1. 羞愧	
合作型文化中的羞愧	**权力凌驾型文化中的羞愧**
我们天生就有敏锐地感知他人及其需要的能力。羞愧被认为是一种信号，说明要更加关注他人以及自己的需要。	羞愧被理解成我们还不够好，我们是坏人、让人讨厌的、不正常的，或者做了错事，不值得被爱。激发羞愧是为了促成改变。
2. 愤怒	
合作型文化中的愤怒	**权力凌驾型文化中的愤怒**
愤怒是人们的需要还未得到满足的表现。愤怒赋予我们力量去设定界限来保护我们重视的东西。愤怒不是针对个人的，也不代表谁出了问题，而是一个求救的信号。	愤怒意味着有人做错事了，应该采取不同的做法。他们不应该"明知故犯"，现在必须得到应有的惩罚。夹杂着愤怒的批判语言很容易被当作人身攻击。

3. 内疚

合作型文化中的内疚

我们试着考虑每个人的需要，包括自己和别人的，而不是寻找替罪羊或是责备谁。我们寻找一些不同的方法，在满足其他人需要的同时也不放弃自己的需要。

权力凌驾型文化中的内疚

内疚被诠释成我们不应该这样做，因此我们罪有应得。我们希望通过责备他人或者自己带来积极的改变。

4. 道歉

合作型文化中的道歉

我们带着同理心去倾听别人因为需要未被满足而产生的痛苦。当意识到自己没有考虑到别人的需要时，我们采取行动修复关系。

权力凌驾型文化中的道歉

如果别人难过，我们会责备自己，感到羞愧，并请求他们原谅。我们的焦点放在了自己认为不对、不正常、行为不当或者令人无法接受的那个人身上。

语言中的暴力

权力凌驾型文化之所以能够存在的部分原因在于，我们认为愤怒、羞愧和内疚这些感受是不对的。当我们将关注点放在我们出了什么错时，就很容易感到压抑。我们学习的语言轻而易举地将我们变为顺服的奴隶。如果想改变这种状况，就需要学习一种新的语言，让我们有力量过上梦寐以求的生活。

大多数人在权力凌驾型文化中长大。在这种文化中，拥有权力的人凌驾于他人"之上"，而不是与他人平等地共享权力。在这种文化中，我们会把人（包括我们自己在内）看作是坏人、邪恶的或者渺小的。为了创造和维持这种权力凌驾型文化，我们必须持续：

> 1. 使用道德评判和静态化的语言。
> 2. 否认人类有能力选择自己的行为。
> 3. 使用"应该"的概念。

一旦有了这些想法，并把它作为基础的语言模式，我们就很容易去控制。实际上，都不怎么需要外界的控制，因为我们已经学会了限制自己和自由。

我们可以把以上三点转变成一种更能服务于生命的思维方式。第一步是学会识别在什么情况下，我们使用了基于权力凌驾型思维方式的语言。下一步是认识到我们可以利用这些想法更多地了解自己的感受和需要。我们甚至会发现这是一条了解自己需要的捷径。

导致愤怒的想法的特别之处在于，它们基于以上三点中的任何一点或多点。如果你读到安娜的故事，或者想象自己处于类似的情况时也觉得生气，那可能是你顺着安娜的思路在思考：

> "胆小鬼！自私自利的笨蛋！他们只会考虑自己。他们这么胆小，都不敢站出来承认自己的行为。如果不愿意让我参与这个项目，他们应该坦诚相告。我值得他们对我好一点，现在我会要他们好看！"

这些想法包括以下一些基本的东西：静态化的语言及"对错"的观念；我们觉得自己只拥有"有限的选择自由"；当然还有至关重要的"应该"。包含了所有这三点的想法，让我们按照权力凌驾型文化的思维方式越走越远。

① 安娜进行道德评判，并且使用静态化的语言：

> "胆小鬼！自私自利的笨蛋……"

这种表达方式是基于对与错的道德评判。

当我们给别人贴上静态化的标签评判他们时，很容易就忘了对他们的关心和尊重。我们会轻而易举地把怒火发泄到他们身上。

② 安娜否认她的朋友们是有选择的，认为他们应该按某种特定的方法行事：

> "如果不愿意让我参与这个项目，他们应该坦诚相告。"

我们认为人们应该按某种特定的方法做事，不应该为所欲为。他们应该得到惩罚，这一点和接下来的"应该"相关。

③ 安娜使用了"应该"的概念：

> "他们应该对我好一点，现在我会要他们好看！"

"应该"是所有奖惩制度的基础。人们认为某人行为不当时，就会用惩罚来威胁他。我们相信，假设某人做了大家认为"错误"的事情，得到了应有的惩罚，秩序就能恢复平衡。

这个概念是指，"做错的人"越认识到自己的错误，憎恶自己，下一次就越有可能不这么做了。

如果我们察觉到自己的想法，我们就能更自由地选择行为方式，而清醒地选择的行为将把我们带到想去的地方。让我们一起更深入地研究，继续体验当感觉到内疚和羞愧时，惯性思维是怎样影响我们的行为的。

现在请同样用以下这三个概念，来理解这种思维方式是如何导致羞愧和内疚的。

> 1. 静态化语言——例如，道德评判。
> 2. 否认有选择。
> 3. "应得"的概念。

安娜听到咖啡馆的消息时，也很有可能不会生气，而是感到羞愧或者内疚。她有可能这么想：

"我之前就怀疑会这样。我不应该期盼什么，事情就是会这样……我什么时候才能不做白日梦呀……他们本来就不想让我加入，没什么可奇怪的。我这个人一直都瞻前顾后的，也不知道如何遵守约定。我就不应该期望过高……说到底，没人愿意和我一起工作，我这人就是很无趣！这是我应得的下场，我也没有办法。"

① 安娜诊断、分析自己，对自己进行道德评判。

"……我这个人一直都**瞻前顾后**的，也不知道如何遵守约定……和我一起工作就是**很无趣**！"

当我们给自己贴上静态化的标签，以此分析和看待自己时，就放弃了自己的追求和需要。静态化的语言无论是对别人还是自己，都很容易导致暴力。它基于对自己的道德评判，导致自我评判或是安慰自己的自证性预言。

② 安娜限制了自己选择的自由,想要压抑或者忽视自己对已经发生的事情的反应。

"我不应该期盼什么,事情就会是这样……我什么时候才能不做白日梦呀……"

根据这些理念,有些东西虽然让我们感到不舒服,却是合适的、正常的。通常大家会认为,如果不遵循这些理念,人们就会为此付出代价。

③ 认为自己"应该"

"我不应该期望过高……我这人就是很无趣。这是我应得的下场,我也没有办法。"

我们如果表现完美或者正常的话,就应该被认可,应该得到奖励,反之,就不配得到他人的关心。惩罚和奖赏都是为了让我们保持正常。

在我看来，为失去帮助别人的机会而感到遗憾，是人性自然地流露。另外一种想法却完全不同，它的核心是：如果感觉自己足够差的话，以后就不会做同样的事了。但是，讨厌自己通常并不能带来我们想要看到的改变。

权力凌驾型调料汁

1升"对与错"的思维方式
1捧道德评判
1份有限度的选择
1公斤否定自我价值
1包"应得"的心态

确保所有原料在浸泡中保持高度的被动状态，为了达到高浓度的顺服。

第二章 关于控制的神话

非暴力沟通（NVC）
期待愤怒、羞愧和内疚来敲门
创造联结的沟通
引发羞愧和内疚的沟通
感到羞愧时的应激处理方式
同理心
"需要"的语言带来联结和慈悲
转化愤怒和羞愧

第三章

我们的沟通方式

03

非暴力沟通（NVC）

"沟通之于关系，犹如呼吸之于生命。"

——弗吉尼亚·萨提亚（Virginia Satir）

在探索愤怒、内疚和羞愧时，非暴力沟通（Nonviolent Communication，简称NVC）让我受益匪浅。非暴力沟通集沟通、思维方式和如何运用我们的权力于一体，它的目标是创造高品质的联结，让人们愿意倾听，希望满足每个人需要的天性被激发出来。它让我们看到，每个人的需要都很重要。当我们想要和他人合作、建立紧密的关系或者希望有能力处理矛盾冲突的时候，互相尊重和自由意志都是难能可贵而又相当重要的品质。

我们人类生来就是为了建立相互依存的联系。人类需要相互依存，也需要依赖周遭环境。某种程度上的脆弱，能帮助我们与他人和自己保持长久的联结。在本章中，我会讲述非暴力沟通的四个基本要素（观察、感受、需要和请求）、两大关键要点（诚实表达和同理倾听），还有一些基本概念和原则，这些都有助于提升我们处理愤怒、羞愧和内疚的能力。

第三章　我们的沟通方式

期待愤怒、羞愧和内疚来敲门

>"现在你会听到我的秘密。这个秘密非常简单：只有用你的心，才能看得清楚。重要的东西用眼睛是看不见的。"[1]
>
>——安托万·德·圣艾修伯里（Antoine de Saint-Exupéry）

非暴力沟通创始人马歇尔·卢森堡指出了愤怒、内疚和羞愧在我们生活中所扮演的重要角色，这令我大开眼界。我意识到，如果我们用心关注的话，愤怒、内疚和羞愧可以丰富我们的生命。我们非但不用对它们避之不及，还可以转化它们，使其帮助我们更深入地联结到我们的需要。马歇尔·卢森堡提到，他很期待自己下一次发火或者感到羞愧或内疚的时候——我还记得第一次听到这种说法时自己有多么惊讶。一开始我觉得这简直荒谬无比，不过随后我便开始好奇地去探究这句话的真正含义。

在那之后，我花了很长时间研究羞愧、内疚和愤怒。我了解到它们其实是一些警示信号，告诉我们一些没有关注到的、为生命服务的需要。它们释放强烈信号，提醒我们需要进一步了解生命。如果我们能好好地利用这些信息，更多地关注自己的内心世界，而不逃避，最终，这些信息一定会让我们的生命更加丰盈。

创造联结的沟通

> "非暴力沟通是装扮成沟通方法的一个觉察过程。"
>
> ——基特·米勒（Kit Miller）

从愤怒、羞愧和内疚的视角看待人类沟通背后的基本机制，会让我们更加清楚这些机制是如何运作的。从非暴力沟通中汲取的原则像一条主线贯穿本书，帮助我们建立和维护伙伴关系，带来相互合作。这些基本原则是：

① 感受和需要可以帮助我们更清晰地了解自己想要的生活方式

如果我们相信，了解每个人的内在状态（感受和需要）可以丰富彼此的生命，我们就会更有兴趣了解他人，例如一个生气的人。如果能将任何人的感受与他的需要联系起来，我们就会更加乐于倾听他们。

② 通过将感受与需要、渴望和梦想联系起来，我们就更有力量做出重要的选择

当我们将自己的感受与需要联系起来，对自己的感受负起责任，我们听上去就不是在怪罪别人，从而降低了别人误解我们的风险。同样，如果对方没有指责我们造成了他们的情绪，我们也就更容易倾听

他们的声音。当我们能够把他人的感受与需要联系起来时，就无须把精力浪费在回应批评上了。

③ 人类一切行为背后的意图都是为了满足自己的需要，如果理解这一点，就更容易建立联结

假如把"别人的行为是为了故意伤害我们"的想法，转变成这样的信念"他们的行为不过是为了满足自己的需要"，那么就更容易与他们建立联结。无论人们做什么，都是源自于他们对满足需要的渴望，只要我们相信这一点，就会激发内心的慈悲。我们可以在别人身上看到自己，意识到他们和自己一样，也需要社群、自由、爱、意义、尊重和关怀。当某人的行为激怒我们时，可以试着猜猜他当时想要满足哪些需要，这样可以帮助我们理解他人，但不必认可他的所作所为。

④ 当我们是由衷的，就愿意为他人奉献

当我们认为帮助他人是一种选择而不是一个要求的时候，就会更有动力做出贡献。基于"应该"或"必须"做什么的各种要求、威胁和语言，会使人难以合作。当我们使用的语言没有限制任何人的选择的自由时，愤怒和羞愧感会减弱。反之，当我们认为某些事情必须做，或者至少是应该做时，这些情绪就会浮现。

假如我们想用一种不会激发愤怒、内疚和羞愧的方式进行沟通，或者当这些情绪已经被激发的时候，我们想把沟通继续下去，以下这四个过程是非常有价值的。

观察
Step 1

当我们像摄像机一样客观地与别人沟通我们看到某人做的事或说的话时，就是在表达我们的观察。观察是我们与他人沟通的共同基础。摄像机可以拍摄发生了什么，但是它不会对记录的对象进行道德评判，判断正常与否，是好人还是坏人，或者谁忽略或操控了谁。如果我们将观察结果与对它的诠释混为一谈，羞愧、内疚或愤怒就会随之而来。诠释通常包括对他人行为背后的意图的猜测。它可能会让我们认为，自己的情绪都是别人引起的。

每种文化中对个人和群体的敌人形象，都是在"正确"的思维模式下创造出来的。当我们带着对他们的固化认知和他们交流时，就很难在其行为中看到人性。我们认为自己有权生气并责骂他们。一旦我们已经学会通过自己的诠释来看待世界，就无法避免这一点。我们也知道，评判别人并在他们身上贴上标签并不好，所以事后会因为评判了他们而评判自己。如果我们认为不应该评判自己，就会进而感到羞愧，甚至开始变本加厉地批评自己。我们因此陷入危机，像在一个永远不会停止的旋转木马中不停地转动，越来越无法对事实进行观察。如果我们能告诉对方我们对实际情况的观察，而不是说出我们对事情的诠释，听起来就会大不一样，与他们建立联结就会容易一些。

让我们再回忆一下第二章咖啡馆故事中的安娜，尝试把她的诠释与实际发生的事情区分开。如果她对事情进行诠释，评判朋友的是非

对错,可能会把他们称为"自私自利的利己主义者"。如果她不去诠释到底发生了什么,而只是进行观察,她会说:

"过去五年来,我们一直在讨论合伙开咖啡馆的事。现在,我听说他们开了,却没人告诉我。"

感受

有人可能认为,生气时还能保持观察是不可能的(即使大家都觉得这主意不错),因为我们心情如此沮丧。但是,大多数人都同意,在沮丧时能够表达自己的感受是非常有价值的,而且这是可以通过练习学会的。

当使用"感受"一词时,我指的是身体的感觉。能够描述出身体的感觉,我们就能更轻松地了解自己的需要,然后再告诉他人。一旦他人了解我们的感受,就更容易理解我们的真实处境,因为人类的感受是相通的,他们能对我们的处境感同身受。

有时候,我们的感受似乎"接管了一切",但实际上,感受变幻莫测,如果不再受到刺激,它们只会停留几秒钟。如果我们将感受与需要联系起来,开诚布公地对自己的感受负责,就可以减少别人把我们表达的感受当作一种批评或责备的风险。同样,如果我们有能力将他人的感受与需要联系在一起,而不是去想我们做"错"了什么,就可以保护自己,使我们免于内疚或羞愧。

我们所有的感受都在告诉我们自己的需要。感到口渴时,需要喝水；感到孤独时，可能引发了对陪伴、支持或爱的渴望。无聊可以帮你认真寻找生活的意义或者创作的灵感。如果我们不倾听自己的感受，就错过了可以帮助我们满足需要的重要信号。在这些情况下，愤怒、羞愧和内疚也会被激发出来，它们充当了额外的警报系统，以确保我们不会错过对自己至关重要的东西。

丹尼尔·戈尔曼（Daniel Goleman）在其畅销书《情商》[2]一书中明确指出，在做出建设性决策以及与他人建立关系时，保持与自己感受的联结是非常重要的。

我们都有对感受的内在体验和理解，但有时候可能很难找到一种让别人也能理解的表达方式。与自己的感受保持联结，对我们的幸福至关重要。即使我们想要忽视它们，感受也会不停地吸引我们的注意力，因为它们的存在就是为了服务我们的生命。当我们想要推开感受，或者不想承认它们的时候，通常它们就会变得更加强烈，甚至更加难以处理。

感受一直都是我们的向导，但过去八千多年主导我们的思维方式，使我们越来越难以运用感受的智慧。我们已经认为某些感受是好的、恰当的和正常的，而另一些则是坏的、不合适的或是证明我们不正常的。接纳某些特定的感受变得更难，我们常常将它们推开，因而完全错过了它们想要传递的信息。

尽管有时感受似乎有着自己的生命，但它们与我们的想法和身体有着紧密的关系。为了有效地处理愤怒、羞愧和内疚，把我们的感受和我们对感受的想法区分开，是非常有帮助的。如果我们能够区分想法和感受，令自己/别人羞愧或者被责备的风险就会大大地减少。

别人的感受，即使没有用语言表达出来，也会影响到我们。想象一下，你的同事或者亲近的家人在经历强烈的情绪时，你的感受如何。情绪会通过肢体语言、面部表情和手势表现出来。这时，如果问他们心里正在想什么，他们会说"没什么特别的"。当不清楚一个人的感受时，别人的注意力（通常是无意识地）就会集中在想要搞清楚他内心的感受上。

我常常请人们回想自己与别人相处时感到羞愧或内疚的那些时刻。当问起当时对方有什么想法和需要时，他们一般都不知道如何回答。有人告诉我，对方对自己很生气或者很失望。也有人告诉我，当对方以某种眼神看着他，以某种语气说话，或使用自己不确定该如何理解的肢体语言时，他会感到羞愧。人们从看到的表情和听到的话语中读出了指责。如果他们很清楚对方的感受，羞愧和内疚就会减轻。

如果觉得别人应该对我们的感受负责任，那么我们表达自己的方式会和我们觉得自己对感受完全负责时有所不同。

只要感受是正面的，很多被人"责怪"自己造成了他们这种感受的人觉得还挺好的。比如，对方听到我说"我很高兴，因为你……"或"你让我高兴"这样的话语，可能会觉得自己挺受用的，甚至深受鼓舞。

反之，如果我们将别人的行为和自己的负面感受联系起来，别人会激烈反对，因为他们不希望成为造成我们负面感受的原因。比如，有人告诉你"因为你……我感到失望"或"如果你不……我会很难过",那么你很难再继续听下去。

人们经常说,我们应该多谈谈感受。我一直在想为什么表达感受的时候,大家总是显得情绪很激烈。一种解释是,当我们表达自己的感受时,常常加上是对方造成的意思。如果我们将自己的感受与需要

需要得到满足时的感受

放松　　充满希望　　满意
满足　　受鼓舞　　　乐观
精力充沛　喜悦　　　清醒
着迷　　快乐　　　　有乐趣
兴奋　　平静　　　　感恩
惊喜　　轻松　　　　安全
开心　　好奇　　　　得意
　　　　　　　　　　心花怒放

同时表达出来，我更有信心别人会听进去我们的感受。

比如，

　　"我很难过，因为我总是指望不上你。"

可以替换为：

　　"我感到难过，因为相比现在，我希望生活中得到更多的支持。"

又如,

"我很担心,你只想着你自己。"

可以替换为:

"我感到担心,因为我需要照顾和支持。"

如果把感受与对别人行为或意图的看法相混淆,也会导致内疚、羞愧或愤怒。比如,当我们使用"操纵""攻击"或"侮辱"之类的词汇时,就会发生这种情况。如果我说"我感到被操纵了",那么其他人就很容易听成"你操纵了我"。他们常常会防御或自责,双方的关系也会受到影响。

需要
Step 3

有时,我把需要戏称为人类的"公分母"[一]。通过需要,我们可以在彼此身上看到自己,从而滋养天然的慈悲心。需要还提高了我们洞察他人行为背后隐藏的动机的能力。所有人都有相同的基本需要,所以,有时即使我们选择的行为方式与他人不同,我们还是可以识别出彼此言行背后的驱动力。

因此,需要可以被称为人类共同的驱动力。无论人们的性别、文化、年龄、宗教或政治背景是什么,所有人都拥有同样的需要。将需

[一] 异分母分数相加减时必须先通分,这样分数单位相同才能相加减,找两个分数分母的公倍数,就是公分母。——译者注

要和用于满足这些需要的特定策略区分开来，是非常重要的。

这里，"需要"一词用来描述生命维持其生存所需的资源。我们身体健康，是因为对空气、水、休息和营养的需要得到了满足。而对理解、支持、陪伴、诚实和意义的需要得到满足时，我们的心理和精神就会更加健康。

● 我们人类的一些共同需要 ●

食物，空气，水，安全，运动

自主权——选择并实现自己的梦想

正直，信任，创造力，有意义

和平，和谐，平衡，美，灵感，乐趣

相互依存

贡献，接纳，尊重，支持，亲密

社群，关怀，同理倾听，诚实，爱，温暖

理解，被看见和被听见

不幸的是，只有很少的人从小学会了如何清楚地表达需要。相反，我们学会的是为了满足自身需要去批评、要求或者威胁别人，但在大多数情况下却收效甚微，因为这些方式只会造成彼此之间的隔阂。

非暴力沟通的一个基本假设是，愤怒、羞愧和内疚背后有着未被满足的需要。很多时候，问题的关键在于我们没有触碰到自己的需要，而是把注意力集中在自己和他人的错误上。

把基于对和错的想法看成提醒我们没有联结到自身需要的信号，可以帮助我们提高觉察。当触碰到自身的需要，我们便不再生气或羞愧，因为愤怒已经转化为与需要有联结的其他基础感受。这样，我们就不可能继续抓住羞愧或愤怒不放。

CASE

"是他们做错了"

让我们看看如何将感受和需要应用到第二章安娜的故事中。如果你是安娜，你认为在她的处境中你会有什么感受？

不同的人会根据当时的想法、自己的价值观和需要，有不同的感受。让

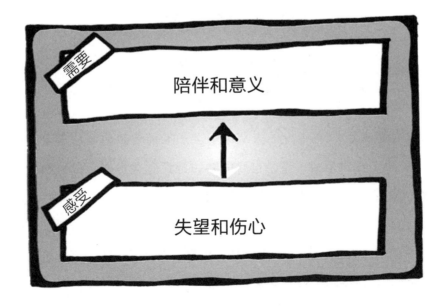

我们假设你的第一感受是失望，失望是因为你如此渴望成为这个项目的一分子；也许你也觉得担心或困惑，因为想更多地了解为什么朋友们开了一家咖啡馆却不和你说；或者你很伤心，因为你渴望去做一些有意义的事情，意义会给生活带来希望。因此，你的感受背后的需要可能是包容、理解、意义或希望。如果触碰到了自己的感受，你会更容易和这些需要建立联结。感受给了我们线索，来找出我们的需要。可能你感到高兴，因为你有信心回家乡后会再参与到这个项目中来——即使没有人和你提及此事，你也不太确定是否能够如愿。即使你有能力达成愿望并庆祝成功，也可能会因为没有参加咖啡馆激动人心的开业阶段而感到一些悲伤。

继续安娜的故事，她可能会想：

"失望和伤心？不，我会生气！"她要告诉他们，是他们做错了，"你们根本不能这样！"

愤怒背后的这种想法，把安娜带入了死胡同。假设她决定关注别人**做错了什么**，我们或许会听到以下对话。

安娜打电话给伊芙，就是她开这家咖啡馆的朋友之一。

安娜：（急促、严厉和恼怒）你们怎么能这么对我？太自私了。你们至少应该告诉我，但你们连提都不敢提！懦夫，你们应该为自己感到羞愧！

伊芙：（感觉被攻击了，恼怒而强硬地回答）我们有权自由地做出我们的决定！你总是不在家，很难指望你干什么，你还一会儿一个主意。（心想：现在她就"原形毕露"了。我很高兴我们没让她加入！）

安娜：（声音更尖锐了）我就猜到你们会怪我的，可是你们不能这样对待朋友啊。我永远不会原谅你们，我会让所有人知道你们剽窃了我的想法！（电话挂了）

安娜打电话之前，没有预想到会发生这样的对话。当我们遵循对与错的思维方式做事时，内在压力变得如此之大，以至于我们爆发了，想必大家都知道接下来会发生什么。

◆ 愤怒与需要

"愤怒源自于那些与需要脱节的、疏离生命的想法。这些想法表明我们已经开始分析和评判别人，而不是专心了解我们的哪些需要没有得到满足。"[3]

——马歇尔·卢森堡（Marshall Rosenberg）

很多人在生气的时候觉得自己是鲜活的，这是由于肾上腺素和其他激素在体内流动，给身体带来的感觉会十分强烈。但我相信，如果没有触碰到我们鲜活的需要，生气时我们并没有"完全鲜活"。

生气的时候，我们往往只关注我们不喜欢什么，别人有什么问题，而不是关注我们想要什么，以及别人可能以什么样的方式在为我们做出贡献。在这种模式下，我们的沟通变得无效。我们生气时经常要求别人不要做某事，如果没有提出明确的请求希望他们做什么或者怎么做，他们就算换个方式也可能让我们同样恼火。

一旦触碰到人类的基本需要，我们就不会再生气了，还能够与愤怒背后的需要建立联结，将愤怒转化为其他相同强度的感受，同时更清晰地将自己和服务于生命的需要联结起来。

◆ **羞愧与需要**

羞愧有时被描述为我们成为社会的一分子要付出的代价。然而，我发现除了感到羞愧之外，还有其他方法可以让人们意识到别人的需要没有得到满足。如果我们与自己以及他人的需要保持持续的联结，我们就无须靠羞愧发来"警报"。与需要的联结，有助于我们在被羞愧淹没之前做出反应。

◆ **内疚和需要**

当我问人们有什么需要时，经常听到的回答是不知道。就算他们知道，往往也很难找到合适的语言来表达。许多人已经学会了在想要表达需要时感到内疚，尤其是当自己的需要好像与别人的背道而驰时。但意识到所有人都有相同的需要，大家往往会觉得欣慰。

内疚是一种迹象，表明我们在满足看似相互冲突的需要之间左右为难。内疚的产生是因为我们真的不知道怎么做才能满足所有需要。我们可能会屈服于这样的想法——既然需要是相互冲突的，所以无论我们怎么做，总会有人无法满足需要。

CASE

"我的错"

像很多人一样，安娜可能会因为生气而感到内疚。她现在"攻击"自己，怪自己不负责任，并告诉自己要为这样的结果负责。

这就是我之前怀疑的。他们趁我不在时开店，因为他们根本就不想让我参与。这也不奇怪，因为我总是思虑过多，而且就像伊芙说的，我总是说话不算话。我就别想了……我对此也兴趣不够！

几个月过去了，关于咖啡馆的事朋友们依然没有和她联系，现在安娜该回家乡了。她到家后，碰巧遇到了彼得，他是开咖啡馆的朋友之一。

安娜希望他能讲讲发生的事情，虽然她一直在说自己在国外的时光，但脑子里却一直想着咖啡馆的事。她告诉自己，应该说说这事了，聊一聊她怎么看朋友们所做的事以及这事对她的影响。但她没办法开口，最后彼得也没提。

当彼得遇到安娜时，他为自己羞愧，因为他觉得应该就咖啡馆的事和安娜联系。但他微笑着假装一切都很好。他很少说话，总让安娜说。过了一会儿，他担心的话题并没有出现，所以他冷静下来了，心想也许咖啡馆对安娜来说并不重要，他们分开时他是这么认为的。

◆ 需要与策略的差异

为了处理内疚、羞愧和愤怒，区分需要和我们用来满足需要的策略是很有用的。想做到这一点，有一个办法就是要意识到没有必要一定让哪个特定的人在哪个特定时间做什么。

有一次，我在奥地利的一所国际性大学教授非暴力沟通课程。当时，很明显是我们所有人都需要尊重或尊严，但满足这些需要的方法或者说策略，却迥然不同。这个班级由来自二十八个不同国家的人组成，当我们讨论尊重这个话题时，气氛变得很热烈。我们集中讨论如果自己哭了会希望别人做什么时，讨论变得很有意思。

两名来自斯堪的纳维亚半岛的女士表示，如果有人停下手里的事情，给予哭泣的人充分的关注和支持，她们会觉得这是一种尊重。几位来自西非的男士打断她俩并且声称，这种方式肯定无法满足他们对尊重的需要。如果他们开始在人前哭泣（当然他们认为这是不可能发生的），他们宁愿其他人假装什么也没看见，他们不想被看到或者被关注。这就是他们想到的能满足自己对尊重需要的最好方式。除了这两种相对立的观点之外，这个班级里的人关于哭泣的人希望得到怎样的对待，大家有着各种不同的观点，即使是同一国家、同一性别和同一宗教的个人之间，意见也不尽相同。

明白了每个人对尊重的实际体会与我们自己想要被对待的方式之

间存在差异，就可以更容易地描述需要的"公分母"，即尊重的内在体验。了解到我们对尊重有着相同的需要，有助于在班级中建立紧密联结。许多人还表示，看到有这么多不同的方式可以满足相同的需要，这也令他们感受到了自由。

如果我们能够区分需要和策略，就会以更有效的方式处理内疚和羞愧。我们不会因为自己内心出现的感受而责怪别人，也不会因为别人的感受而责备自己。相反，我们会厘清自己的需要，并告诉别人可以做什么来帮助我们满足这些需要。

意识到可以通过不同方式来满足需要的好处是，我们可以有更多选择和更大自由去满足需要。我们不再受制于别人必须以特定的方式行事，才能满足我们对尊重的需要。如果想要体验尊重，我们可以以自己认为尊重的方式回应他人来得到尊重；如果想要体验同理倾听，可以通过同理倾听他人来满足我们的这个需要。

S 请求
Step 4

当提出一个策略或请对方做什么时，要尽可能地具体，这能让别人更容易理解我们请他做什么。此外，我们要确定自己的请求是对方可以做的事情，对方当下就可以给出"行"或"不行"的答复。

为了确保我们的请求是清晰的，并尽量减少被对方当作要求的风险，我们可以先问自己以下两个问题：

第三章 我们的沟通方式

——我想让别人做什么？用不同的方式可以吗？

——我希望他们出于什么样的意图来做？

如果提的不是请求，而是要求时，可以问问自己，我们是否准备好了为这样的沟通付出代价。当我们让别人做某事，对方不是由衷地愿意，而是因为害怕，或是想要避免羞愧、内疚或者逃避惩罚，就会破坏双方的关系。如果这种交往方式已经持续了很长时间，就可能需要花费大量的精力来重建联结。如果别人觉得遭到了胁迫，就会失去为我们做贡献的乐趣。

如果我们根本没有提出任何请求，或者表达得很模糊，又或者只是用发泄情绪的方式提请求，别人会很容易误解我们，不明白我们究竟想要他们做什么。也许我们认为自己表达得很清楚，但却搞不懂对方为什么不理解我们，也不明白他们为什么只是听到了我们的请求就觉得内疚。

比如，我们可能会和对方说"我很孤单"，并认为自己渴望有人陪伴。但是别人不确定我们想让他做什么。有人会理解并采取行动满足你的需要，但对其他人来说则完全不清楚，什么也不会做。当我们表达了感受（孤单）、我们的需要（陪伴）以及我们想从对方那里得到什么（可以过来喝杯咖啡吗），才能最大限度地提高我们获得所需要的支持的概率，而不需要别人会"读心术"。

我们可以将请求分为"联结为导向的"和"行动为导向的"两类。后者意味着让某人采取特定的行动，比如，"我希望你把自行车挪到街道的那一边，好吗"。

以联结为导向的请求是一些基于对方的感受和需要的问题。询问某人的感受，听起来可能是这样：

> 你愿意告诉我，听到我说看到你把自行车停在大门前，我感到抓狂时，你有什么感受吗？

表达之后，可以这样问来检查自己是否表达清楚了：

> 把自行车停在别的地方对我来说很重要，我不确定自己是否讲清楚了原因，所以我在想你愿不愿意告诉我，你听到我说什么了？

引发羞愧和内疚的沟通

引发羞愧和内疚的沟通方式是一种强大的武器，它威胁人们的自尊和他们在群体中的归属感。内疚和羞愧都会使我们陷入沉默，要么逃避，要么同意去做我们并不想做的事情。

一位朋友告诉我，这种情况在他工作的医院里已经持续了好几年。每天早上，夜班工作人员都会向白班人员交接前一晚的工作。因此，白班护士早上准时到达非常重要，这样上夜班的人才能回家休息。白班有个叫唐纳德的同事，总会在白班开始时间五分钟后才冲进房间，然后解释他为什么迟到。其他同事都习惯了坐在那里不耐烦地等他说完，用会意的眼神互相对望一下，有时还会恼火地盯着他。经理和其他护士提醒了他几次迟到了，但每次都是以一种引发羞愧的方式告知他。他们跟他说了很多次，唐纳德也一再保证不迟到了。虽然也能奏效，可不出三天，他又开始迟到了。而每一次，他越感到羞愧，他的解释就变得越长。他们和他的沟通没有解决问题，情况反而更加糟糕。

通过羞辱或责备来激励某人改变他的行为时，上面的例子就会是典型的结果。当别人把我们说的话当成是批评时，他们就听不到我们的需要。如果想看到某些事情得到彻底改变，羞愧或内疚是我们最不希望别人体验的。当人们觉得内疚或羞愧时，他们的改变通常不是因为联结到内在驱动力，因此，改变不会持久。

当我觉得说的话可能会被当成批评或责备，会用下面的话结尾：

> 如果你认为我所说的话是在批评你，我很想听听你的理解，因为我猜我刚说的话没有很清楚地表达我的本意。

如果别人听到了我们的需要，他们就不会把我们的话听成是在批评他，也不会认为是他们的错。听到我们请求帮助，会增加他们做贡献的意愿，同时，这也有助于他们对我们提出的请求自由地说"不"。

我不希望别人对我的感受负责任，避免这种误会的另一种方法是让他们复述一下我说的话。这样我就知道他们如何理解我的话，然后决定是否澄清我的意思。

请记住，听到我们的话后是否会引发内疚或羞愧，选择权始终在于听众。然而，我们可以让听众做这种选择的机会减少，从而加强我们之间的联结。

> **通常会导致羞愧和内疚的沟通方式**
>
> 只表达感受而不向对方提出请求：
>
> 我感到很孤独。
>
> 将自己的感受与他人的行为联系起来：
>
> 我很难过，因为你……
>
> 暗示别人应该做什么而非请求：
>
> 反正没人关心。
>
> 通过叹息、面部表情和手势表达自己的感受、需要和愿望。
>
> 把对别人意图的想法与自己的感受混合：
>
> 我感到被碾压、被忽视、被遗弃、被操控。

永远不要为了避免羞愧和内疚做任何事

出于贡献的喜悦采取行动，而非为了避免羞愧或内疚，就会让双方的关系变得丰富。所以暂时停下来，体会羞愧和内疚，对我们来说是很稳妥的，因为如果在采取行动之前，花时间与自己的需要联结，这些感受就会被转化。

在一次聚会上，有对夫妇吵架了。男士想跳舞，女士只想和他单独坐在一起聊天。由于我知道，只要停下来倾听自己的内心，羞愧和内疚就可以指引我们，所以我问这位男士（因为我和他更熟）是否想和我聊一聊。他告诉我，他绞尽脑汁思考到底应该怎么做。尽管他更喜欢跳舞和与人社交，但脑子里最强烈的想法是他应该陪在太太身边。

男士意识到自己在拼命地避免内疚，这帮助他觉察原来自己在满足自由和贡献两种需要之间左右为难。试图逃避内疚，让他变得越来越思绪混乱。一旦明确了自由和为太太做贡献同等重要，他就可以做出更明智的选择来满足这些需要。他选择了在聚会的一部分时间陪着太太，另一部分时间把她介绍给他的朋友。导致想法转变的原因，是他意识到自己可以选择如何度过这个夜晚，而不必按照脑海中"应该的想法"告诉他的那样去做。

感到羞愧时的应激处理方式

故作幽默

故作幽默是处理羞愧最常见的方式之一。脱口秀演员的段子几乎都是关于引发羞愧的事情，人越觉得羞愧，节目就越好笑。如果可以取笑自己和让自己羞愧的事情，处理羞愧往往会更容易。而这样做有时需要有强大的内心和一定程度的自我距离。

感到羞愧时，故作幽默真的很有帮助，但不可能人人都是喜剧演员。因此，让每个人都用故作幽默的方式有效处理羞愧，不太容易做到。

贴标签和道德评判

——你太咄咄逼人了！

——你说的咄咄逼人是什么意思？

——你总是那么着急忙慌的，而且总是要按你说的做！

——好的！但是你没权力只是因为事情不奏效就说我咄咄逼人！

——你看你，现在你又咄咄逼人了。冷静，我们只是在聊一聊而已。

小时候我和我父亲经常吵架（就像上面的对话）。这种吵架往往从我们给对方贴上标签（或者提要求）开始，然后火力全开。标签不只会造成预言的自我实现，而且随着每一次唇枪舌剑，愤怒还会不断升级。

无法承受所有的羞愧或内疚时，我们经常将自己的情绪"倾倒"给别人。臆想一个敌人形象，看到一个实际的"恶魔"，有时会带来令人难以置信的解脱——减轻我们的压力，让我们能够应付当时的情况——然而如果以为这样就能解决问题，我们恐怕会失望。因为面对评判和分析，人们通常不会改变他们的行为，而是会为自己辩护。他们无法加强与我们的联结，或者学习处理类似情况的新方法，而是把精力花在了为自己辩护上。

给别人贴上标签时，就会物化他们，不再把他们当作真实的人，接下来，我们就很难带着关怀、尊重对待他们。

研究人员对第一次和第二次世界大战期间士兵的战斗效率进行评估时发现，很多射出的子弹并没有击中目标。直到第二次世界大战，士兵在枪战中的射中率大概在20%~25%之间。[4] 士兵只要看到对方是人，就会有意无意地不射中对方。因此，美国在越战中训练士兵将敌人视为物体而不是人。结果很可怕——射击失误少了很多。2000年左右在伊拉克作战的前美国士兵乔什·施蒂伯（Josh Stieber），披露了美军为入侵伊拉克培训冷血的战士所进行的训练，"我们被告知不要把伊拉克人当作人，并接受先射击后提问的训练"[5]。㊀

处理贴标签的方法之一是记住所有评判背后都是没有得到满足的需要。虽然很难接受别人贴的标签，但我们可以通过转化这些标签来了解他们潜在的需要。只要听到评判，不管别人评判我们，还是我们评判别人，我们都可以假设是有需要没有得到满足。

㊀ 一旦开始研究记录当时盛行的非射击策略（non-shooting strategies），人们就会发现军事训练发生了巨大的变化，其具体目的是让更多的士兵成为杀手。这种军事训练积极地使士兵对杀戮的影响脱敏，并用包含立即奖励杀戮的模拟训练来调节他们，以获得调整后的行为模式，使他们在战斗中也能简单地重复杀戮模式，然后才进行思考。这种训练的最终结果是越南战争期间的射击率急剧上升到95%左右。

我的渴望

我渴望互助,说出口的却是你自私。

我渴望联结,说出口的却是你不可理喻。

我渴望安稳,却骂你不负责任。

我渴望接纳,却说你心胸狭窄。

我渴望温暖,却说你冷若冰霜。

我渴望意义,却说你见解浅薄。

我渴望正直,说出口的却是你卑鄙。

我渴望信任,说出口的却是你不可靠。

我渴望关怀,却说你毫不体贴。

我渴望亲密,却骂你心不在焉。

我渴望创造力,却说你木头木脑。

我想要你的倾听,却骂你是聋子。

我渴望诚实,却说你口是心非。

我渴望鼓励,却说你让人泄气。

我渴望责任心,却骂你粗心大意。

我渴望实现自我,却骂你愚蠢至极。

我渴望支持,却说你毫无骨气。

我想要你的关注,却骂你是瞎子。

——卡特琳娜·霍夫曼(Katarina Hoffmann)

第三章 我们的沟通方式

同理心

> "当今世界最缺乏的是同理心。我们要学会站在他人的角度,通过他们的眼睛看世界。"⁶
>
> ——巴拉克·奥巴马(Barack Obama)

在非暴力沟通中,"同理心"或"同理倾听"描述的是一种与别人建立联结的特定方法。同理倾听可以被描述为我们在特定情况下从他人角度考虑问题的能力。正如奥巴马在上面引言中提到的那样,我们想要"通过他们的眼睛看世界"。同理心研究者特丽莎·怀斯曼(Teresa Wiseman)总结了同理心的能力。⁷

> 1. 能够通过别人的眼睛看世界。
> 2. 了解他人的感受和需要。
> 3. 能够沟通我们对他人感受的理解。

除了认可他们的感受或同情他们的遭遇之外,还有很多方法可以展示我们理解他人的感受。我们可以全身心地陪伴对方的感受,而不考虑它是好是坏。当我们不再一味评判他人或他们的行为,而是真正敞开心扉倾听他们的感受和需要时,就会产生同理心。我们关注对方内心的体会,而不是断定他们是什么样的人或者他们应该怎么样。

同理心通过语言表现，同时我们的语言可以证明我们真的在努力了解这个人内心的体验。关注人们的感受和需要往往会激发我们的慈悲心。因此，我们努力倾听人们的需要、梦想和渴望，倾听他们希望在生命中看到更多什么、想要创造什么，而不是寻找他们的弱点，或者关注他们没有什么。

同理心和同情心的区别

——她真的可以理解我！
——他一直在支持我！

这些是人们在被同理倾听后的一些常见反应，被同情时也是一样。同理心和同情心的区别在于，当带着同情心倾听时，我们要么认同对方的观点，要么为他感到难过，要么分享自己一些相似的经历，以便向他表明我们理解他的经历。而带着同理心倾听时，我们会尝试与对方的感受和需要联结，以及理解他正在经历的事情如何影响到他自己。

当我们感到羞愧或内疚时，别人同情我们，我们心里很可能还是会感到孤独和不被理解，或者会开始为自己感到难过。当我们生气时，如果其他人以同情的态度回应我们，我们的怒火可能会暂时变小，之后往往会重新点燃，对我们生气的对象更加火冒三丈。

有时同情被看作是"背后议论他人"，我们也可以把它看作是给你关心的人提供支持的一种尝试，但通常都不会成功。获得同情可能会让人感觉良好，因为它证明了有人"站在你这边"。但从长远来看，同情通常会让事情变得更糟，因为有进一步固化关系模式的风险。

同理倾听别人往往比给予同情心更有帮助，尤其是他在愤怒、羞愧和内疚时。然而，这里也有一个陷阱。如果我们同理倾听某人，但没有分享或说出自己在这种情况下的感受和需要，对方通常会认为我们同意他的看法。他可能觉得你也同意"你们共同的那个朋友是叛徒"或者"所有男人都是这样"。

CASE

被同情

在碰巧遇到彼得，两人却没有聊及咖啡馆之后，安娜蜷缩在另一个朋友家的沙发上，感到十分痛苦和沮丧。

安娜：（强硬地说）我对自己太失望了！我甚至都不敢在遇到他时提我的感受。我真是个胆小鬼，难怪他们完全不把我当回事……（然后，悲伤地）……我让自己像一个该死的门垫一样被人踩着。

朋友：不要这样想。这不是你的错。你没有做错任何事。

安娜：也许吧……但是是我想到开咖啡馆，这是唯一让我真正觉得有意思的事情。（声音里带着悲伤）为什么我总是这么倒霉。

朋友：真倒霉啊……不过我觉得你没有和他们一起合伙是幸运的，他们是自私的白痴，配不上你这样的朋友和伙伴！你值得比他们更好的。

安娜：是的，他们显然只考虑到自己。我不觉得他们会管理好这家店。他们对做生意一无所知。

在对话结束时，又出现了新的评判，这是人得到同情时的常见反应。

面对生气或失望的人，当你用同情心对待他们时，就像是在"火上浇油"一样，局面总会升级，因为同情可以证明"另一个人"的确有问题。而且这样做的风险在于得到同情的人会继续评判别人，而不是和他们好好相处。

得到同情后再和我们提到的人表达失望的话，与收到同情前相比，会更难和他们建立联结。因为我们形成了对他们的固化印象（懦夫、自私等），这阻碍了我们看到他们的真实面貌。"他们应该对我们的感受负责"的想法也可能被增强。在一段经历中，如果觉得权力像是被对方握在手中一样，我们可能不愿意采取行动来改变现状。最终，无能为力会演变成愤怒，通过要挟或者要求表现出来。

在紧张局势下，为了以最有可能建立联结的方式进行交流，我们需要大量的支持。如果有人倾听我们的感受和需要，并避免鼓励、分析、安慰或者给我们建议或同情，我们就可以得到这种支持。

同理心和羞愧

同理心可以消除阻碍建立更深入的内在联结的东西。同理心和羞愧可以被看作是对立的，羞愧使我们封闭，同理心令我们敞开心扉。为了给予羞愧同理心，我们需要更脆弱，敢于表现出我们的羞愧，并且相信自己正在被接纳和倾听，这样我们就对它产生了同理心。能很快从羞愧中恢复过来的人有个特点，他们都有很强大的对自己和他人抱有同理心的能力。[8]

当我们敞开心扉，接收到的却是建议、鼓励、谴责或者同情，就很难用同理心消除羞愧。当我们脆弱并对其他人敞开心扉时，希望得到理解。被人以同理心对待往往是一个转折点，这样羞愧就不会在我们心中继续肆虐。

同理心和愤怒

被同理倾听后，愤怒通常会迅速转化为不同的感受。有了倾听者的支持，触碰到愤怒背后的需要后，我们就不会再生气了。我们还会体会到强烈的情绪，但会放下让我们生气的、引起内疚的想法。我们可以利用这些强烈的情绪触碰到自己更深层次的需要。虽然最后我们的需要不一定都会得到满足，但是只要触碰到了需要的本质，我们就会好一些。

同理心和内疚

内疚时，如果得到同理倾听，它会帮我们摆脱内心的挣扎。不论是做了还是没做什么事，我们都会有更多机会哀悼那些没有被满足的需要。内疚可能是一种无意识的习惯，我们总是不断强迫自己做更多我们认为"应该"的事情。同理心可以帮助我们结束这种折磨，并找到更有建设性的方法来处理问题。

CASE

被同理倾听

安娜：（由于遇到彼得时没说出口，她向另一位朋友表达了她的绝望）我对自己太失望了！我甚至都不敢在遇到他时提我的感受。我真是个胆小鬼，难怪他们完全不把我当回事……（然后，悲伤地）……我让自己像一个该死的门垫一样被人踩着。

朋友：听起来你真的很失望，想要有人理解这件事对你有多难。

安娜：是的，但是……是我自己造成了这个局面。我咎由自取。

朋友：所以你的意思是你真的很伤心，并希望能有别的选择？

安娜：是的，放下这件事，让生活继续向前，对我来说就是这么难，好像要杀了我一样，我也在责怪自己不敢和他们聊聊这件事。

朋友：你是不是特别想搞清楚发生了什么？同时，你害怕和他们聊这件事，是因为你希望相信能够与他们建立联结？

安娜：是的，但我不知道该说什么，如果是你，发生这种事情你会说什么？

在这样的同理心支持下，安娜也许会足够了解自己的感受和需要，之后能和朋友们提出来。她可能也开始明白，她的朋友们虽然没有考虑到她的需要，但采取那些行动也是为了满足他们自己的需要。这样，对他们的敌人形象就转变成了和她有着同样感受和需要的、有血有肉的人。

在本章末尾，你可以读到如果安娜更了解自己内心的需要，对话听起来会如何。如果你想创造条件让对方听进去的话，首先，试着了解别人选择的策略想要满足哪些需要会有所帮助——无论我们喜不喜欢他们的策略。

基于同理心的道歉

> "同理心是理解如何穿着别人的鞋子走路，同时还知道这并不是你的鞋子。"9
>
> ——萨利塔（Szalita）

羞愧和内疚会麻痹我们，让我们说的话、做的事无法带来联结，让我们犯"错误"时因为被羞愧吓倒而不去道歉。即使我们道歉，也不会有什么联结，因此最好找到别的方法来创造联结。

第一步是同理倾听我们的行为对别人的影响，让他们感受到被理解。无论何时何地我们开始使用同理心，都不会"太晚"。无论对方说什么，我们都倾听他正在经历的痛苦，并试着与它联结。在这儿，"迟到总比不到好"这句话是真的。迟到的同理倾听可能不会马上见效，特别是随着时间的推移已经累积了很多痛苦的情况下，修复信任也可能需要很长时间，但仍是可能的。

第二步是说出对方的痛苦对我们的影响。我们也许会说，对之前做出的行为感到遗憾，现在我们理解当时的行为给对方造成的影响了。通常，在某个时刻，对方也想听听我们那样做的原因。

第三步就是解释我们当时的行为是想满足哪些需要，即使它们可能并没有得到满足。我们进入第三步是为了解释清楚，尽管我们现在和事后会采取的行为是不一样的。

不包含这三步的道歉，往往会被看作是一种企图"息事宁人"的方法。关键是，我们真的愿意承认自己的选择是怎样影响到了对方，这样的道歉才会有些效果。

然而对于刚刚伤害了别人或弄坏东西的孩子来说，无论说什么都很困难。如果孩子表现得像是没有被发现一样，我们可以当他是不知所措，那个时候他可能也听不进去更多的话。鉴于孩子的年龄，我们可以先等一等再和他讨论刚发生的事情，这样可能更有建设性。

此外，我曾在一件事发生三年之后才收到某个成年人的充满温情的道歉，所以需要时间从羞愧带来的冲击中复原的，也许不仅仅是孩子！

用非暴力沟通的方式道歉

第一步，同理倾听对方。真正接纳你的所作所为对他的影响。

第二步，倾听对方之后，表达在听到自己的行为对他的影响后，你自己有什么触动。

第三步，表达你之前的伤害性行为是为了满足什么需要。诉说当时那么做想满足的需要，如果当时知道现在造成的结果，会采取其他不一样的方式。

自我同理

有时候，没有别人可以同理倾听我们。这时，我们需要用和自己联结的方式倾听自己，了解羞愧、内疚和愤怒如何让自己体验到与自己和他人的疏远，去倾听自己的声音。因此，找到重新联结的方法很重要。羞愧尤其会让我们产生痛苦的自我觉察。认为自己没有归属感的痛苦以及与人割裂的感觉可能会让我们非常不适，那么用一场内在对话支持自己就会大有裨益。

当我同理倾听自己时，我所做的和倾听他人时是一样的。首先，我要承认自己对自己或其他人有什么样的评判或要求；然后，专注于倾听这些评判或要求背后的感受和需要；最后，搞清楚自己想如何继续前进。

体会悲伤

当触碰到了感受和需要，为我们所犯的"错误"哀悼，就会是一个自然而然的过程。我们人类对他人有着与生俱来的关怀，当意识到自己越界了，羞愧是一种常见的表达方式。如果允许羞愧引导我们，它可以帮助我们来确定为何悲伤。

有种说法叫从"错误"中学习，但我看到有很多人重复犯同样的错误。是否能从错误中学到什么，取决于我们如何处理它。为了不陷入对自己的评判，并从"错误"中学到新东西，用有效的方式对已经发生的事情表达悲伤是有用的。但只有以一种能让我们与自己的需要联结的方式表达悲伤时，学习才会发生。有一次一个朋友告诉我让她感到羞愧的事情，她从中真正学到了一些东西：

"记得二十多年前我写信给某人,当时我认为他的行为不可饶恕,非常愚蠢。我对他冷嘲热讽,当然还带着一些优越感,把我对他的所作所为的看法表达得淋漓尽致。多年后的某一天,我想起了这封信,发现自己为此感到非常羞愧。我开始想,如果有人今天打开这封信读一下,我会是什么感受。这封信肯定不会建立联结,因为写它的时候我根本没有考虑到对方或者我自己对尊重的需要。我当时只考虑到了自己对正直的需要,我不想让他以任何方式欺负我,只想阻止他。在思考的过程中,我触碰到了当时没有满足的以及我想要满足的需要。这给我带来了巨大的悲伤。我意识到,实际上我可以满足正直的需要,同时不放弃尊重和关怀的需要。"

如果想转化羞愧,重要的是触碰现在想到当时的行为时依然感到羞愧背后未能满足的需要。然后与我们当时的行为想要满足的需要联结,与这些需要联结时,我们允许自己体会被激发出的感受。当情绪有更多释放的空间,而评判减少时,哀悼就会发生,事情会完整和结束。以这种方式来哀悼,有助于我们看到以后采取哪些不同的行为可以更好地照顾自己和他人的需要。

只要愤怒、羞愧和内疚还控制着我们,我们就无法体会他人的需要,事情不会有任何进展。如果这些感受占据我们的脑海,我们就很容易被它们操纵和控制。只有把感受当作通往内心深处的钥匙时,我们才能完全地、真正地向自己和他人敞开心扉。

引发羞愧的词——"不"

有时候,说出我们想要什么相当有挑战性。害怕听到"不"让我们信心降低,也不敢明确表达自己的喜好。但究竟是什么让听到"不"变得如此可怕?很多人都认为"不"是一种批评,即使我们在逻辑上知道,这只是意味着某人不想做我们请求的事情。

如果我们认为对方说"不"就证明我们自己有问题,那么当下提出一个请求就成了一项艰巨的任务。再衍生一下来看,如果双方互换位置,对方让我们做某事,而我们一想到要对他说"不",就会感到羞愧或是内疚。我们想认可对方,害怕他认为我们不重视他。

无论是我们对别人说"不",还是别人对我们说"不",下面陈述的三个假设能帮助我们尽量减少用愤怒、羞愧和内疚的方式来处理"不"。

关于"不"的三个宝贵假设

1. 在每一个"不"的背后,都对其他需要说了"是"。
2. 说"不"是邀请进一步对话。
3. 满足需要的策略总是多种多样。

让我来演示一下如何使用这三个假设。

① 在每一个"不"的背后,都对其他需要说了"是"。

如果我问你想不想和我一起去看电影,你说"不",我知道看电影满足不到你的某些需要。你的"不"可能意味着你对休息或运动的需要说了"是"。

② 说"不"是邀请进一步对话。

如果把你的"不"当作是进一步对话的邀请，我就可以确认，我听到你需要休息或是其他我认为你更看重的需要。由于我仍然希望满足自己的需要（在这个例子中，是对陪伴和乐趣的需要），我会继续就此与你沟通，但现在我也会把你的需要考虑在内。

> 我听到你说真的需要休息。我想继续和你讨论，怎样做能让你满足休息的需要，同时也不放弃我对乐趣的需要。你愿意再花五分钟时间聊一聊吗？

③ 满足需要的策略总是多种多样。

当我听到你说需要休息或者运动时，我会提出一个自认为两全其美的策略，既可以满足你的这些需要，同时也能满足我对陪伴和乐趣的需要。例如像下文这样：

——我和别人一起去看电影，你在家休息。
——我们都待在家里，找一种可以满足我们双方需要的方式互动。
——我们一起散步。（也许走去电影院）

"需要"的语言带来联结和慈悲

在这场对话开始时,安娜还在生气。最后,她更多地了解了自己的需要,也更愿意倾听。

― C A S E ―

安娜:你们怎么能这么对我?什么白痴会做出这么可怕、这么自私的事!你们至少可以和我说一声——但你们又太胆小了!(她仍想要他们看看那么做的人会有什么结果!)

开咖啡馆的朋友:(认为自己被攻击了,语气强硬地回答)我们可以想做什么就做什么!你人都不在这里,而且,你总是变来变去!你太善变了。

安娜:(深呼吸几次,并提醒自己人们所做的一切背后都有对满足需要的渴望,她决定试着去联结对方用"善变"的标签想要表达的需要)我猜你说我善变时感到很沮丧,我想知道是不是因为你想让我理解,完全信任你的合伙人对你来说有多么重要,尤其是对于这么重要的一个项目?

开咖啡馆的朋友:(现在试探性地,犹豫着猜想安娜是否真的想了解)是的,你……你总是有那么多疯狂的点子……多半时间,我们都不知道你真正想要什么,也不知道你是不是真的想加入进来。

安娜：（很高兴对方想要相互理解而不是吵架，因为她注意到这样能创造更多的联结）你的意思是你不想担心事情是不是能够执行；每个人都做他们答应过的事，这样你能放松？

开咖啡馆的朋友：（现在更平静了）是的，我们实际上已经计划以此谋生，所以这不仅仅是一件只是拿来玩的趣事，你想玩就玩一会儿，不想干就不干了。（然后，她的声音里透着犹豫）但是……但我理解，你听到我们没有告诉你就开始了，你会感到不开心……

安娜：哦，听到你理解这件事对我来说不容易，我真是松了一口气。事实上，我真的超级难过。我非常想参与，但不明白怎么了。你想再和我多说一些为什么没有告诉我就开咖啡馆的原因吗？我很想听听。

现在联结已经建立（即使它很脆弱），有了空间进一步诚实表达，从而寻找创造性的解决方案。当这种联结建立后，我们通常会有足够的创造力来找到满足每个人需要的方法。

转化愤怒和羞愧

安娜开始和朋友们交谈，她说，发现他们没有让她参加就开了咖啡馆时，她感到多么悲伤和失望。她很小心地只说观察，避免表达任何诠释。她还清楚地表达了自己的感受和需要，并以请求结束。

CASE

安娜：我的挫折来自于，我到现在都没有彻底明白为什么没有一个人跟我说过你们打算开咖啡馆了。这么久过去了，我明白我的失望和生气来自于实际上我一直特别期待和你们一起做这件事，体验社群和意义。我怕我说得不够清楚，担心你们会听成这是对你们的责备或批评，所以我想知道有没有人愿意告诉我，你听到我说了什么？（她希望自己的表达方式能够尽量不让别人觉得自己在提要求、在批评，或者误会她想让他们羞愧、内疚）

开咖啡馆的一位朋友：我听到你说你很失望，因为你想和我们一起参与这个项目？

另一位朋友：我听到你说你渴望意义和社群。

安娜：是的，我现在还是非常渴望。我很感激你们的反馈，这让我确认你们已经听到了我的一些感受。所以我想知道我是否可以继续，或者还有没有其他朋友想说点什么？（她说完后是一片沉默，所以她选择继续）

即使现在提出这个问题我很忐忑，但这对我来说太重要了，所以无论如何我还是想问一问。我想知道我现在能做些什么，让你们同意我参与这个项目？

在这里，有些答案可能不那么中听。安娜可以继续倾听其他人表达与她有关的、尚未满足的需要。因为有些事情他们以前没有交流过，所以对话需要时间。

开咖啡馆的其中一位朋友：是的，现在听到你说这些，感觉放松一些了。老实说，我其实不完全相信你真的会说到做到。

安娜：（倾听，决心了解他们的感受和需要，因为她以理解对方的真诚渴望去认真思考对方所说的话）嗯，我听到你说，你不确定、可能还很担心，因为你渴望能相信决定的事情一定会执行？

对话继续进行，重要的不仅仅是最后的结果，还有现在他们的沟通过程。因为各方可能都需要时间来修复伤口，并恢复信任。但只要有相互联结，他们就能够找到全新的方法，将每个人的需要都考虑在内。

当羞愧袭来
什么是羞愧？
是什么引起了羞愧？
无处不在的羞愧
做羞愧的主人
羞愧和脆弱
通过羞愧看到需要
处理羞愧练习

第四章

羞愧的冒险之旅

04

当羞愧袭来

羞愧会切实影响我们的身体。羞愧袭来时,我们几乎不可能专注于正在做的事情。感到羞愧时,我们的血液流动更快或更慢,呼吸节奏也随之改变,大脑血液循环减少,颈部肌肉失去弹力。可以说,羞愧让我们变得"愚蠢",因为当我们感到羞愧时,视野会受限,很少能够做出建设性的决定。

当我们突然意识到以前没有发现的自我的某部分时,羞愧就会被激发。如果这时正和别人在一起,我们会装作若无其事。但羞愧紧紧抓着我们,让我们神经紧绷,自我封闭,不敢脆弱,还和内心断开了联结。

相反,如果接纳了羞愧,即使令我们尴尬的事情已经暴露,羞愧也会慢慢消融。不管之前发生的事情看起来多么让人不堪,只要我们能向别人倾诉,这种不适感就会改变——特别是当对方愿意倾听我们,并不对我们或我们的所作所为加以评判时。使用这种方法来处理自己的羞愧,我们就有机会成长,并更好地了解如何与他人和自己相处。

过去,我认为自己是一个很少会觉得羞愧的人。实际上,我甚至

第四章　羞愧的冒险之旅

为从没觉得尴尬过而感到自豪。开始写这本书并做本章末的练习时，我才惊讶地发现自己在很多日常生活场景中都会感到羞愧。我发现自己在很多情况下，一觉得羞愧就把它推开，速度之快连自己都没有注意。现在我开始明白这么多年来，这样的做法让我错过了多少美妙的礼物。

我第一次意识到羞愧，是在家乡小镇上的一个大停车场里，绕来绕去却找不到车位的时候。我当时想："真希望没人发现我已经在停车场绕了三圈了。"为此我感到羞愧！大多数情况下，我可以通过对抗这些想法来解决问题。我可以这么想："我才不管有没有人看到我呢。"为了证明自己毫不在意，我甚至会去多绕几圈！我开始对自己的反应感到好奇，为什么会为这么小的（看似不重要的）事情感到羞愧？我意识到自己的脑海里产生了一些荒谬的想法：停车场里没有我的位置，意味着我被拒绝了，停车场不想要我；它不光证明了我并不重

要,而且如果别人看到我不被"需要",也会不想和我在一起。

当我认真思考这个问题,我明白了羞愧的背后是被接纳、被尊重和融入社群的需要。一旦理解了感受和需要之间的联系,羞愧就转化成了会心一笑。我们很容易就能看出这种情况的可笑之处。但是就在几分钟前,如果有人嘲笑我是傻瓜,竟然能为这事感到羞愧,我会非常气恼。实际上,这是一次宝贵的学习经历,让我明白被接纳并且成为社群一分子的需要对人类来说有多么重要。

这件事发生后不久,我看到了一幅类似情况的搞笑漫画。画中有一人举着"第342圈"的标牌。车里有一个不想被人看见的男人缩在方向盘后面,在停车场转圈。所以,我猜自己并不是唯一一个为这种事情感到尴尬的人。

羞愧不仅会让身体感觉不舒服,还常常伴随着自责的想法。很多人都在努力寻求对自己的接纳和爱。我们在必须证明"我是可以的"世界中长大,而且这种"可以"来自外界的认可和接纳。当我们感受不到对自己的爱和尊重时,很难从羞愧中学习到什么建设性的东西。羞愧其实更像是一种疾病,威胁着我们内心的平静和我们在群体中的位置。很多人会做多种事情避免这种感觉,而这恰恰限制了我们行为的可能性。相反,正视我们的羞愧并且和它交朋友,才是更可行的做法。

停车场事件之后,我发现自己在很多时候,只要一觉得羞愧,即使只是感到稍微有一点愧疚,都有过类似这样的想法——觉得自己不好,不被需要,没有价值,或者不正常。每当这些时候,我都允许自己停下来,体会羞愧,并逐渐与它背后的需要产生更多的联结,就会发现更能接纳自己。现在,羞愧于我而言,是提醒我没有联结到自己的需要的警报器,而不是一个我要与之战斗或躲避的敌人。

另外,我对羞愧的探索也帮助自己进一步看到了他人的人性。有一次,我在电影院看斯蒂格·拉尔森(Stieg Larsson)的影片《龙文身的女孩》。影片讲述了一位被男人侵犯的女人如何复仇的故事。在我旁边坐着四个男人,在女主人公复仇的场景中,他们笑了好几次,面面相觑,还窃窃私语。起初,我很烦他们,对他们印象也不好。接着,我想到他们有可能感到羞愧,我听到他们发出的笑声是焦虑的,是为了释放一些紧张情绪。在这之后,我更容易理解他们了。看到由于自己对羞愧的了解,能对他们产生更多的同理心,我感到很欣慰。

什么是羞愧?

当我们意识到自己做过的事、说过的话会遭到别人的反对时,内心就会产生羞愧感。羞愧会在我们整个身体系统中发出冲击波。当身体高度警觉时,人很容易就会进入防御状态。我们热血上涌,脸颊发烫,还可能会面红耳赤,眼睛向下看,头低垂下来,甚至恨不得脚底下有个地缝儿让我们钻进去。

即使是在三个月大的婴儿身上,也可以侦测到他颈部肌肉突然松弛,上半身变得紧张。当婴儿和对他很重要的人的眼神接触被打断时,他的身体便会稍微下沉。[1]

当我们觉得羞愧时，常常想要遮掩自己涨红的脸。瑞典语中的羞愧"(s) kem"一词起源于印欧语单词，意思是"掩盖"。可能这是因为我们希望向别人隐瞒自己的羞愧。[2]根据美国心理学家西尔文·汤姆金斯（Silvan Tomkins）所称，羞愧与视觉有关，类似于厌恶与味觉相关、抑郁与嗅觉相关。该理论还认为，孩子与父母之间的眼神交流对于联结至关重要，因此父母不赞成的眼神会引起孩子的羞愧。

在感到羞愧的时候，很多人都想"抹平"之前做过的事情，或者再也不要谈论它。就好像自己最隐私的地方已经一点点暴露，我们希望尽可能地逃离现场。我们身体僵硬、尴尬地笑，或者神经质地大笑，以释放一些紧张的感觉。然而，逃避或掩盖已发生的事情的想法只会让羞愧感变得更加难以应对。即使采取了最明智的策略，羞愧感通常也不会完全消失，而是仍然潜伏在内心深处的阴影中。

> 近义词网站（Thesaurus.com）为"羞愧"提供了以下近义词：
>
> 羞辱，没有良心，污点，懊恼，懊悔，困惑，轻视，后悔，降格，嘲笑，失望，失信，没有尊严，失格，失信，名声臭，尴尬，负罪，屈辱，不知所措，臭名昭著，侮辱，恼怒，丢脸，屈辱，责备，憎恶，责怪，痛苦，羞怯，悔恨，责骂，丑闻，自我厌恶，自我责备，自我防备，面目丑陋，橱柜里的骷髅，诽谤，耻辱，惊愕，背信弃义。
>
> 反义词：荣誉，骄傲，尊重。

第四章 羞愧的冒险之旅

我们使用不同的词语来表达羞愧。我们可能会形容它是痛苦的、尴尬的、奇怪的和羞辱人的，或者说它威胁到了我们的名誉。我们还会说自己做了蠢事，觉得被羞辱了、被毁了、很傻或低人一等。有时候，我们找不到和体验完全匹配的词语，也不一定会称之为羞愧。

在准备写这本书的时候，我找很多人聊过，包括我自己在内的所有人直到我们开始讨论什么是羞愧的那一刻，才开始意识到我们竟然如此经常性地感到羞愧。通常，羞愧隐藏在自动化的行为模式背后，以至于很多人从来没有感觉到它，因为我们已经自动选择了采用某种策略来保护自己免受羞愧感的折磨。

羞愧感常常突然来临，但只会持续一会儿。然而，想要完全摆脱它是很难的。当我们想要平静的时候，除了逃避它这条路，还有其他的处理方法。当我们面临威胁，感觉要被别人拒绝或不被群体接纳的时候，羞愧带给我们力量，表明我们有重要的需要出现。是悲剧同时又带来希望的是，在大多数情况下，我们感受到的威胁并不是真的，而是来自我们自己的思维方式。

戈兰·拉尔森（Göran Larsson）将羞愧描述为"看不见的电围栏，当我侵犯别人的边界、破坏了它的完整性时，它会给我一个我急需的电击，照鼻子上来那么一下"[3]。

过去，被排除在一个群体之外很危险，甚至可能导致死亡。个人的羞愧感像信号灯一样提醒他侵犯了别人的界限，从而保护群体和个人的生存。毫无疑问，正因为这样，很多人会极度害怕质疑群体的规则，因为这种行为会被当作是对生存的威胁。

人们需要尊重他人的界限，羞愧也许是最好的提醒方式。如果能建设性地利用羞愧的反应，而不是为羞愧而感到羞耻，我们就可以找到回应自己还有别人的感受和需要的方式。

我们可以把羞愧看成是保险丝，就像电路过载时保险丝会熔断一样。当我们错过身体发给我们的需要未得到满足的信号时，内心的保险丝也会烧掉。如果不能在别人和自己的需要之间取得平衡，我们也会觉得羞愧。

一个参加过我的羞愧工作坊的成员写道：

> "羞愧似乎总是在提醒我，我愿与我的人类同胞建立更深入的联结，也许是给他们更多的空间，也许是更多的爱！"

很多人惊叹于飞翔的群鸟是如何做到在飞行时不撞到彼此的。我们人类也有能力"感受到"彼此。假设没有这种互相依存的天性，我们在人群中或滑雪时的碰撞会比现在频繁得多。如果我们触碰不到自己的感受和需要，这种能力就会受到严重影响。同样，如果我们没有联结到自己的内部信号，就无法在"族群"中高效率地协同作业。如果某个团队中的一人或者多人都没有建立这种联结，势必影响整个"族群"。成为羞愧的受害者后，能够与内心的自我重新联结，是我们还可以为群体服务的至关重要的一步。

在权力凌驾型系统中，权力更多的人分配给别人任务，要求别人承担责任，并用羞愧驱使他们顺从。羞愧提供了一个内部导航系统，这个系统不会给人权力，而是让他们承担根据"正确"的标准来行动的责任。矛盾的是，这种内部导航系统掌握在个人手中，也是权力凌驾型系统中最薄弱的一环。由于每个人都可以使用它，我们可以重获力量，并用羞愧支持更能服务生命的系统。我们可以通过看到羞愧的本质，并根据它采取行动。

在等级系统中，"应该""必须"和"责任"迫使我们把权力交给了级别高于我们的人，现在我们可以把这些条条框框和自己本就拥有的选择分清楚。这样，羞愧就成为一件礼物，告诉我们有更好的选择，可以在行动时把他人以及自己的需要都考虑在内。然后，我们可以真正期待下一次羞愧的来临，因为每一次这样的时刻都是一个机会，让我们有意识而明智地选择如何创造属于我们的世界。

被误解的羞愧

我们所说的羞愧中有很多细微差别。与他人交往的脆弱就源自羞愧的核心。当我们尝试和别人产生联结的时候，羞愧表现为害羞和不确定。我们会问自己，希望与对方有多亲近，别人又会怎么对待我们。

小孩子在学会社会规则之前都是脆弱的，也是害羞的。他们抱着一种温柔而脆弱的态度与周围环境相处。通过反复尝试，他们逐渐学会把外界发生的事情联系起来。随着他们不断成长，羞愧和尴尬的感受趋向消退，或者至少换了一种形态。到这里为止，一切都符合生命的自然规律。但是，当孩子学会把内疚和羞愧看成他们有问题的象征，和"他们不够好"画上等号时，羞愧和内疚就会变得极端痛苦且难以处理。一次又一次地听到"来吧，别害羞"或"看你害羞时多可爱啊"之类的话，可能会让他们变得麻木，以至于丧失接受自己脆弱的能力。

如果没有关心和尊重到孩子羞愧和尴尬的感受，而是对他们嘲笑、讥讽或者指指点点，就会造成难以处理好羞愧的思维定式。尊重的需要得不到满足的话，孩子就会经常为此承担后果。

一旦羞愧与道德评判混在一起，我们就会为了应对它而采取各种各样的行为，而这些行为多数情况下并不会引领我们得到想要的结果。我们中的很多人貌似从未经历过羞愧，因为只要一发现它，我们就会立即调动自己的所有力量，为自己辩护。这样一来，我们对这些时刻敬而远之，就会错过关于生命的宝贵一课。原本是为我们服务的东西却变"酸"了，开始变味了。

羞愧，像是一只看不见的手在我们心中割出伤口。通常它被描述为"在心里燃烧和刺痛"的东西。羞愧很强烈时，表达自己就已经是一个很大的挑战了。

我们的文化中有很多被视为正常的现象，羞愧展示的恰恰是它们的反面。按照标准或"正常"现象制造的"盒子"比我们实际的尺寸要小时，羞愧就显示了我们为此付出的代价。比方说，我们爱上了一个"性别错误"或"年龄错误"的人，有着不同寻常的嗜好或穿衣风格，又或者有着常人认为非常规的观点，等等。

与生俱来的羞愧

羞愧到底是不是与生俱来的？[一] 这是一个令我兴奋的问题。虽然

[一] 在"情感理论"中，羞愧被称为我们唯一的社会情感。根据纳散森和其他研究人员的说法，羞愧是人们1岁以后就会体验到的感受。那时我们已经受到某些文化烙印的影响，因此不同人群如何表达羞愧也会有所不同。

知道羞愧是不是与生俱来的并不重要；但重要的是，讨论这个问题可以让我们用对自己和他人都有益的方式来处理好自己的羞愧。对我而言，将羞愧看作与生俱来的大有裨益，这让我不再以羞愧为耻。

另一方面，相信羞愧感是人类共有的一种与生俱来的感觉，其价值在于，当面对令人极度不舒服的强烈羞愧时，这种信念有助于帮助我们决定把重心放在哪个方面。

我把存在于羞愧核心的感受和需要看作是与生俱来的。这些感受和需要给予我们的脆弱，让我们能够与他人善意地沟通，激发我们对每个人（包括我们自己）的需要给予理解和包容。此外，我们还有做出贡献和创造不同的强烈需要。如果贡献的需要无法满足，而我们又做了一些令自己后悔的事情，就会自然而然地进行哀悼。

当我们感到羞愧，会觉得和其他人有隔阂，哪怕只是一瞬间。当我们不能理解到他人的需要还未得到满足时，羞愧就出现了。一旦找不到方法确保我们用爱和善意彼此关怀，羞愧就会一直存在。羞愧可以用来提醒我们接纳和尊重的价值，并帮助我们在个体责任与相互关心之间取得平衡。随着自我意识的增强，我们希望能够对他人的需要做出更迅速的响应，而不必从羞愧那里再绕一个大圈子。

旷日持久的羞愧

如果我们不知道如何处理羞愧，它就会伴随我们数十年。时至今日，当我回忆起童年的某些片段时还会持续地感受到强烈的羞愧。小时候，我偷了糖果被店员抓住，35年过去了，现在我还能感受到当时那种羞愧，只要说起这件事，我就觉得自己的胃在收缩，脸也羞得通红，还不敢看其他人的眼睛。

8岁的时候，我得到了一双能系到小腿的绑带凉鞋，穿上它，我一下子觉得自己是大人了，内心很自豪。可是绑带常沿着我的小腿滑下去，乱糟糟地堆在脚踝上——那样子看起来一定很滑稽。但当这件事发生在离家最近的商店外面时，对我来说就远远不止是滑稽了——一些大孩子看到了，对我指指点点，还嘲笑我，我顿时觉得无地自容。那种羞愧强烈到即使是今天，我一想到这事，身体还是感觉有些不舒服。

羞愧妨碍学习

> "羞愧是自我憎恨的一种形式，在羞愧中采取的行为是不自由、不快乐的。即使我们想要表现得更为和善与敏锐，但如果别人察觉到了我们行为背后的羞愧，就不太可能会感激我们所做的事情。而如果我们纯粹是出于人性、出于为生命做出贡献的动机，其结果就会完全不一样。"[4]
>
> ——马歇尔·卢森堡（Marshall Rosenberg）

当人们感到羞愧时，很难保持思维清晰。羞愧让我们的认知受到冲击，让我们愣住，不知道如何去满足自己和他人的需要。因此，如果我们想学习新知识或者做出重要决定，这种情况就非常糟糕了。因为我们为某件事感到羞愧时，很少会关注如何弥补造成的损失，或者去了解事情发生的过程，我们的注意力集中在不惜一切代价去摆脱不舒服的感觉上。

因此，想帮助他人学习新的行为或者让对方发现自己的行为对别人的影响，用令他羞愧的方法是无效的。由于羞愧而导致的焦虑，限制了我们更深层次联结的渴望。羞愧让我们被动而不是主动，当我们感到羞愧时，通常很难集中注意力。

因此，喜欢用刺激学生或者增加学生羞愧感的方式教学的学校和组织机构，在推进学习的过程中会困难重重，更别提进行重要的改革了。这种状态最终可能会令学生忍无可忍。

时不时会有机构来咨询我，在他们的组织中总是无法促进人们的变化，这令人十分沮丧。一旦深入研究这种情况，我们就会发现，人们没有强烈的改变意愿的背后，存在着对惩罚性羞愧和内疚感思维方式的恐惧。只有当改变是自愿的，并且人们能看到通过改变有机会满足更多需要时，他们才愿意改变。

当人们已经感到内疚或羞愧的时候，再怎么鼓励他们不要羞愧，他们的情绪也无法平息。通过学习识别身体的反应，然后根据需要做出理性的选择，才能更有效地处理这些情绪。与其告诉别人不要羞愧，不如接纳他的羞愧或内疚，并把其看作一个美好的信号，显示他并没有断开与自己以及他人的需要的联结。

你可以这样问：

哦，你是说你渴望以一种更受尊重的方式来帮助别人？

或者：

你难过是因为想找到一种可以保护所有人的需要的方式吗？

如果我们这么想，就有更多机会从错误中吸取教训：

每个人都会经历失败。我为自己犯了一个错误而感到羞愧，我为此哀悼，希望能从中学到一些东西。羞愧是一个信号，表明是时候联结自己以及他人的需要了。

是什么引起了羞愧？

引起羞愧的原因各不相同，主要取决于人们所处的文化背景和生活环境。根据"联合心灵"关于羞愧的研究，对于瑞典人而言，最能引起羞愧的是客人来访时家里乱糟糟；其他一些常见的引发羞愧的原因包括觉得自己没有吸引力、性交的时候被人碰巧看到、手淫或偷窃等。[5]

唐纳德·纳散森（Donald Nathanson）将引起羞愧的经历归纳为八类：比较、依赖和独立、竞争、自我批评、外貌、性、看到与被看到、亲密。[6] 引起羞愧的情况通常就属于其中一类或几类，而我认为人们可以在这些情况中看到自己。

八类引起羞愧的经历

1. 比较
2. 依赖和独立
3. 竞争
4. 自我批评
5. 外貌
6. 性
7. 看到与被看到
8. 亲密

比较

我们被教育要与他人进行比较。比如说，我们会比较外貌，比较所有东西的大小——从手机到汽车和技能。内心的评判可能听起来像这样：

> 我比……弱。
>
> 我不像……那么有趣和有吸引力。
>
> 如果我能像……一样聪明的话就好了。
>
> 如果我能像……一样漂亮就好了。

比较，还包括你担心别人如何看待自己：

> 我希望不要有人觉得我自命不凡。

早在学龄前，孩子们就开始互相比较——谁是第一名？谁身体最强壮？谁表现最好？孩提时，我们会不做那些让自己感觉很弱小、很虚弱、愚蠢、无知的事情。我们的伴侣与他人开展一段新的关系后抛弃我们，和他人的比较也会让我们走上羞愧之旅。

对于任何做出超出"正常"选择的人来说，都会面临艰难反复的羞愧体验。我们希望遵守我们生活的文化中的各种规则，而任何与众不同的特征，例如少数民族、残障人士或外表不同，都可能引发羞愧。处理这个问题的方法之一，就是尝试去除任何表明我们属于那些群体的迹象。当然，这种方法代价高昂，下场悲惨，因为最终它会限制每个人的生存空间。

穆斯塔法·坎（Mustafa Can）在其著作《临近的日子——我母亲的故事》中，分享了他作为一名瑞典移民少年，是如何为他的母亲感到羞愧的。[7] 成年后，当他坐在母亲临终的病榻前，当初那些羞愧的经历是最难以启齿的。此时，他为自己当初的羞愧而羞愧，这让他更难与弥留之际的母亲联结。

担心别人误以为我们有优越感或很独特时，也可能会引发羞愧。我曾收到一位朋友的电子邮件，谈到了对自己被误会和比较的担忧：

> 昨天，我老板给所有人发了电子邮件，说我们这周工作做得非常好（我们确实尽了最大的努力）。我开玩笑地回答："太好了！那么我们希望您今天早点完成工作，快点回家给我们烤个蛋糕，作为明天的礼物！"今天，他真的带了个蛋糕来公司。**哇，我的反应居然是一非常羞愧！**
>
> 好像这还不够难堪。接着，我的同事们还笑了起来，对我说："谢谢你搞定了蛋糕。"我无法忍受羞愧的感觉，脱口而出："他可能在我发邮件之前就已经想到了……"
>
> 如果不是我的老板，我想我的反应会不一样！"我感觉糟糕透顶。如果别人觉得我受到了老板的优待，或者认为我比他们更会来事儿或更重要，那该怎么办？"

依赖和独立

"没有她,我什么也不是。"

"如果别人知道我让人拿捏得死死的,我会羞死的。"

"没人关心我。"

"没人愿意和我在一起。"

十几岁的时候,我很喜欢和一个人在一起相处,尽管内心一再为和他做朋友感到羞愧,他没有其他朋友。我很好奇,如果他没有其他朋友,那我算什么?如果我想和他做朋友,可别人不想成为他的朋友,那我就无法显得格外重要。我还担心如果别人看到我和他在一起,就不愿意和我来往了,就好像孤独会传染一样。如果别人因此拒绝我或谴责我,怎么办?我为他感到羞愧,为自己感到羞愧,最重要的是,我为我的这些想法感到羞愧。

当发现自己很无力、脆弱和依赖别人时,很多人都会感到羞愧。比如觉得没有某人在场自己就无法做成事情时,就会产生这种感觉。因为我们知道独立很重要,所以表现出依赖别人可能会很丢脸。

我们会因为与有某种行为、国籍或宗教信仰的人来往而感到羞愧。另外,也会因为说出自己被骗或透露自己把钱投资在一个被证明是骗局的项目上,而感到羞愧。就好像觉得自己有被他人行为"传染"的风险,如果别人看到我们与有这种行为的人有任何往来,我们就不会受到尊重。

觉得自己和任何人都没有关系也可能产生羞愧。令我们感到羞愧的清单上，排前几名的是单身、没有亲近的朋友，或者没有参与任何重要的事情。单身会被看成是有毛病，或者是不配成为某个群体的一部分。

迈克尔被困在棘手的经济陷阱中。由于无法直面羞愧，他的财务周转很快遇到了问题，而且周期越来越短。当朋友邀请他一起去旅行或参加聚会时，他羞于启齿自己无法负担这笔钱。尽管他靠贷款生活，但还是在外出时经常为朋友们买单，好像要证明他没有任何财务问题似的。他的进账越少，贷款就越多，花的钱也就越多。

他背负着沉重的债务，非但不去银行找能帮他的人聊一聊，还借了更多的私人消费贷款。当他无力偿还这笔钱时，就再去贷另外一笔。只要一想到有人会洞悉自己的财务状况，致使自己不得不面对羞愧，他就会竭尽全力地掩盖实情。

最后，他动用全部工资来支付所有贷款的利息。终于，一切都土崩瓦解了。

很显然，为了避免羞愧不惜一切代价，只会让局面更糟糕，如果他能更早地意识到这一点，就能更快地做出改变。如果能早点认识到"不要为了避免羞愧去做事情"这条非常有意义的建议，那么他可能早就迎难而上，向银行求助，并告知朋友和家人实际情况了。只有开始寻求帮助，表明他需要支持，才能够改变自己的处境。

在依赖的人面前犯"错",可能会让你感到非常脆弱和无处藏身。读到下面这个案例时,即使花不是我送的,我也觉得羞愧不已。

> 我一直在申请一份新工作,最后一轮面试的候选人是我和一位名叫玛丽亚·G的女士。碰巧这个地方的经理也叫玛丽亚。星期四下午,玛丽亚·L(经理)打电话给我,恭喜我得到了这份工作,我真的很高兴。星期五,一个快递员带着鲜花和卡片来到我的工作室,卡片上写着"恭喜你获得工作。玛丽亚"。我理所当然地认为是玛丽亚·G(她显得热情又体贴)送的鲜花。感动之余,我打电话给她,她没接电话,所以我给她录音留言:"谢谢你送的美丽的鲜花……一会儿再打给你。"
>
> 然后我告诉我碰到的每个人,她有多么好。在我开车回家的路上,玛丽亚·L打来电话。她欢快地问:"你收到花了吗?"
>
> "啊,是您送的吗?"
>
> "是的,我只想和你确认一下花送到了。"
>
> "糟糕,我刚刚感谢了另一个玛丽亚。"
>
> "哦,我还没告诉她,她没有得到这份工作呢!"

竞争

只有第一名才算赢!

我为失败而羞愧。

我证明了自己是最好的,理应得到尊重。

你是当之无愧的赢家！

我们永远也无法像他们那样取得那么大的成就。

对很多人来说，只有显示自己有能力，内心的批判才会平复。赢家（不论我们是否把它看成是竞争）得到尊重。我们尽可以取笑或调侃输的那方，因为他不值得我们尊敬。

在我的家乡有个我很喜欢的乐团，他们音乐会的门票可以通过抽奖得到。抽奖活动在几个不同的时间段进行，我毫不犹豫地在第一轮就参加了抽奖。几天后，我发现有人抽中了，而我没中奖。没中的人过两天还可以重新再抽。当时我心里出现了一种感觉，直到很久以后我才明白：自己感到了羞愧，不是那种强烈而令人恐惧的羞愧，而是一种含糊不清的不安——"我输了！我不配。如果有人看到我又试了一次却还是没有赢，怎么办！"——这种不安，足以使我放弃登记参加下一轮抽奖。

虽然没中奖，我决定还是要去听音乐会。但是后来我看到中奖名单上有一位朋友的名字，我又犹豫了。一想到音乐会上会遇到他，我就感到羞愧，甚至都想待在家里以避免这种不快。

尽管如此，我还是决定去听音乐会。一进音乐厅就遇到了挑战。在这个如此之大且有编号座位的音乐厅，我当然会被放在——是的，你觉得会是谁呢？——的旁边。对，正是我那位中奖的朋友。他看到我，高兴地欢呼，还觉得我们俩的座位竟然挨着，这实在是太有趣了！我什么也没说，肚子却隐隐约约有点不舒服。我假装什么都没发生，但整个音乐会，我总是在想他赢了而我输了的事。虽然我一句也没提，没有庆祝也没有发牢骚，没有问什么——我就当整个事情都不存在一样。

直到音乐会结束，我才完全接受了这种模糊的却抑制不住的羞愧感。我不想承认它——有这种感觉真可笑。直到我真诚地接纳了自己的反应，我才完全接受了这种感受。在那之前，要为他"赢"我"输"感到高兴可太难了，但在最终接受这种感受后，我开始一起为他和他的喜悦而喜悦。

赢，代表有能力、被渴望、值得被爱戴，也值得被尊重；代表比其他人都好，甚至是"最好的"。所有这些想法都伴随着我，尽管这只是一次简单的抽奖活动，我所参与的只是填上我的名字而已！

我很惊讶地发现竞争带给我的影响这么大，以致我产生如此激烈的内心冲突。同样令我感到惊讶的是，我内心未被满足的被接纳、被尊重和被看见的需要强烈影响着我，阻碍了我也想和他人一起庆祝的需要。在我眼里，竞争是最不可能用来满足这些需要的策略之一。

在竞争中，有且仅有一个冠军，也许我们还会为第二名和第三名庆祝，一些更为慷慨的场合甚至还会庆祝前十名，但其余的人则会因为"输了"而羞愧。赢的人是最好的，比其他人都要好，这常常使比赛失去很多乐趣。尽管写下上面的回忆让我感到有些脆弱，但回想起来还是很感激这样的发现，因为通过这件事我对所谓嫉妒和妒忌的理解更加深刻了。

可能有人觉得我竟然因为没中奖有着如此反常的反应，这只是个靠运气的游戏而已。当然，如果这件事情发生在别人身上的话，我也会觉得不可理喻。但是我自己亲身经历过，我的反应明显带着羞愧，这虽然不合逻辑,但却非常明显。有人在听到我这个故事后松了一口气,多年以来他们在类似情况下总是隐藏自己的羞愧感,只是因为害怕这种感觉不被他人接受。对我来说,识别任何情况下的脆弱都是为了了解其中包含的那些信息。

自我批评

为什么我总是出丑。

我唯一擅长的就是失败,让好事情变糟。

我有问题。

我甚至连收拾家务这样简单的事情都做不好。

我真是个白痴,我为自己感到羞愧。

我们被教育用自我批评的方式来处理自己犯的错误。在这样的情况下,我们与自己对话的方式通常是基于我们应该如何为自己做错的事情或者没有能力的事情感到羞愧。

一位母亲充满羞愧地告诉我,她看过青春期儿子的日记。在看他的日记时,她觉得尴尬得都快吐了。

> "我几乎无法呼吸。如果当时有人看到我,他们会知道我在做错事。与被儿子看到相比,我更害怕其他成年人看到和谴责我的行为。那些黑暗中的眼睛让我毛骨悚然,以至于我看了一会儿就放下了,不得不出去溜达了很长时间才让自己平静下来。"

第四章 羞愧的冒险之旅

外貌

我为自己越长越丑、毫无吸引力而感到羞愧。

我不希望别人看到我胖得走形。我比实际年龄显老20岁。

现在我又脸红了，这样一来我就更丑了。

在引发羞愧的很多事情上，外貌排名很高。我们认为自己的身材应该遵循某种理想的标准。我们不仅为自己的外貌感到羞愧，有时也为我们的亲人（祖父母、子女、父母、朋友或伴侣）的外貌感到羞愧。

> "我一直以为，在瑞典这个国家，一个人是不会因为爱上谁而被质疑或被孤立的。后来，我爱上了一个年轻男人，却震惊于自己和他人对此事的反应，还有那些想要放弃或否认我的爱情的想法。之前，我很少觉得自己的外表对接纳和相爱多重要，但是突然之间，我开始全神贯注于年龄差异带来的外貌特征。每一条皱纹或每一根白发都成了大问题，带给我羞愧和不安。一直想着别人会说我比他老，这令我殚精竭虑，以至于和他交往时，心里根本没有任何空间和他真正相爱。"

性

对很多人来说，总是羞于谈论性。提及性时，人们会捂嘴偷笑，会用笑话来掩饰它，讨论起来总是那么别扭。但同时我们又希望自己性感迷人。瑞典的一个关于羞愧的研究表明，当今16~23岁的年轻人最易因手淫或者性交时被发现而感到羞愧。[8]这令我十分惊讶。

很多人会为自己的身体、外貌或者其他所有关于性的表达而羞愧。性交和调情常常会被看成是肮脏的。羞愧的经历是如此令人厌恶、如此难受，以至于我们学会了很多逃避的方法。

> 他/她可能不会被我迷住。
> 我穿得太挑逗了。
> 我没法产生生理反应。
> 我不够性感。
> 我不喜欢这样，但是我不敢让他/她做别的。
> 我想让她/他抚摸那里，但如果她/他不想怎么办？

一个男人可能会为自己性功能异常而感到羞愧，因为这代表他不是一个"真正的男人"。在某种程度上，人们相信一个真正的男人应该随时拥有对性的热情和能力。女人如果无法让男人产生性欲望也可能会感到羞愧，因为她认为对于这个性功能正常的男人来说，这表明自己没有足够的吸引力。卡塔琳娜·文斯坦（Katarina Wennstam）在她的著作《一个真正的强奸犯》中提到了一项研究，其中描述了很多参与过性暴力犯罪案的男人掩盖了他们性功能异常的事实[9]。即使处在对于大多数男人来说根本就无法产生性兴奋的情景中，如果一个男人看起来无法一直保持性欲望并随时可以做好准备性交，通常也会被认为没有男子气概。

看见与被看见

"手伸进饼干桶时被抓个现行,比偷吃饼干本身还糟糕。"[10]

描绘羞愧还有一种说法,就是"手伸进饼干桶时被抓个现行"。在觉得羞愧的时候被人抓到,会希望脚下有个地缝儿能让我们钻进去。记得还是个小女孩时,在《皇帝的新装》中读到赤身裸体的皇帝时,我感到很痛苦。这个故事我越读越难受,在故事结尾,当我发现一切都是编造出来的,人们声称可以看到漂亮的衣服是为了避免承认实际上根本看不到任何衣服而感到的羞愧时,这也使我的羞愧达到了极点。这个故事的特点完全展示了这一类的羞愧。

如果以下这类想法浮现在我们的脑海,意味着羞愧感向我们袭来:

> 快把我从这带走吧。
>
> 我都想去死了,死也不会有站在这里被他们羞辱这么痛苦。
>
> 看到他这样做我感觉好羞愧,而他却丝毫没有察觉到自己有多尴尬。
>
> 我真希望没人来家作客,我家现在看上去像爆炸现场。

有一次,在亚洲到瑞典的长途航班上,我躺在飞机过道上睡了一觉。过了几个小时我坐起来时,看见有位男士正站在我躺的座位旁边看着我,我感到一阵羞愧的热浪席卷了整个身体。这时,我提醒自己学过的——所有的情绪都可以支持我去了解当时自己的需要。那么,那个时刻,我的需要当然就是——被接纳。

一旦把关注的重点从担心这个男人怎么看我，转到自己的需要——被接纳上来，我的心情也随之变化了。对接纳的渴望没有变，但我明白感受到被接纳并不取决于他接不接受我选择的睡觉方式。我更清楚明白的是，体验到被接纳和别人用什么方式接纳我是不同的。

是什么满足了我被接纳的需要？这个男人并没有做什么特别的事，因此是我自己看待他以及看待自己需要的方式发生了变化，这对我产生了影响。接受和拥抱自己对羞愧的反应，让我体验到了被接纳。

尽管我根本不知道这个男人在想什么，可是瞧瞧，我这么快就感到羞愧也真是可笑。我把自己的想象当作他的想法。我知道什么呢？说不定他正羡慕我，还渴求有同样的机会美美地睡一觉呢。就算他觉得我的行为不可接受、不正常或者不恰当，我仍然可以选择接纳自己。这可是一段漫长的飞行，我需要更多的休息，接着我又蜷缩起来，睡了一会儿。几个小时后我们落地了，站在行李传送带旁边等行李时，那个人走近我。"你睡得好吗？"他笑着问。这次被他看到，我感觉温暖而愉快。

亲密

"有时我为期待有人陪在我身边感到很羞愧，而和动物们在一起就永远不会。就算我满脸鼻涕，臭不可闻，它们也不会评判我或者觉得我有问题，我的狗就总是很喜欢我。"

——西西莉亚（Cecilia）

尽管想要接近别人，但太近了又会让我们害怕自己变得脆弱、容易受伤。如果提出靠近对方的身体，对方却说"不"，我们还害怕怎么解释。他人的拒绝被诠释成我们不被爱或不被渴望，这还会激起"我根本不值得爱"、甚至"不可能有人会爱我"等类似的想法。带着羞愧感靠近别人，可能很难真正投入一段感情，更难去享受它。在极端情况下，羞愧感会变得非常强烈，以至于你宁可放弃这段亲密关系，因为这会让你觉得找到了再也不用这么羞愧的办法，终于可以大大地松一口气。

在去机场的路上，我坐在出租车的后座。车很小，有三个人挤在后排。我在中间，坐在我旁边的那个人已经紧贴在门上了。最后他爆发了，问司机："现在的标准是后座可以坐三个人了吗！？"

他说的话让我不由地觉得他可能认为我很丑或我冒犯了他。我将他的话诠释为，他在间接地表达不喜欢坐在我旁边。过了好一会儿，我才弄清楚我感受到的是羞愧，而这背后是希望被接纳的需要。

直到那时，我才反应过来，我其实根本不知道他在想什么。摒弃了自己的猜测后，我们开始了对话。果然，没有任何外在迹象表明我刚刚的猜测是真的。

羞愧宾果游戏

为了理解羞愧是如何影响你的，你可以找一段时间——一周或者一个月——来使用羞愧宾果卡画出羞愧的轨迹，这也是为接下来其他

的练习做准备。请时不时地使用宾果卡，帮助你识别产生羞愧反应的那些场景，也可以帮助你重拾生命的快乐。意识到哪些事情或人会令你羞愧，有助于你重新享受生活。

只要意识到自己正在体验与这八大类别相关的羞愧感受，就在宾果卡上做个标记，如果你愿意，请尽情思考下面两个主题：

——你描述什么人或者什么情况下，几乎一定就能马上激起你的羞愧反应？

——在那种情况下，你通常会做什么？在那之后呢？

无处不在的羞愧

羞愧的文化差异

根据不同社会、家庭或所在组织的规范，人们会感到羞愧的情形各有不同。在每种文化中，都有特定的"我们应该感到羞愧"的事情，或者根本不会被接受的行为。

让我们羞愧的事情不仅因文化不同而多样，也随时代变迁而变化。每种文化都有其独特的"羞愧尺度"，就像瑞典、日本和摩洛哥的礼仪各自不同一样。根据真实故事改编的小说《朗读者》[一]一书中，

[一] 这本书在 2008 年被拍成电影，由凯特·温斯莱特（Kate Winslet）和拉夫尔·费恩斯（Ralph Fiennes）主演。

汉娜·施密特（Hanna Schmidt）宁愿终身监禁，也不愿意因为不识字被羞辱。她没法忍受这种羞愧，这意味着要公开承认自己不识字，因此她没有提供能证明自己无罪的证据。[11]

很多人用类似的方式避免了生活中的羞愧，虽然很少会造成如此戏剧性的后果。我们为了赢得尊重而隐藏自己的另一面，有时会极大地影响我们对真实的看法和对生活的热情。尤其是在我们相信生而为人的价值在于我们有能力达成所愿时，更是如此。

在心理学文献中，我发现有种说法是人们一看到裸体就会自动感觉羞愧，甚至还会有害身心健康。我想知道，世界上到底有多少人拥有带锁的独立洗手间？又有多少代人是像我们这代人这样生活的？难道说生活在热带国家中的土著人赤身裸体或者仅仅勉强覆盖身体某些部位，是故意让他们的孩子羞愧，甚至妨碍他们的身心发展吗？还是只有裸露行为超出了标准才会导致羞愧？

谁决定什么是"正常"？我相信裸体本身不会造成羞愧，我们必须探究是什么造成了某件事正常还是不正常的想法。如果我们想看清楚羞愧到底是什么，了解这种差异会很有帮助。

我的母亲在瑞典北部内地长大。她出生于1936年，那时候家里没有自来水，也没有通电（当今世界还有很多人是这样生活的）。她家的厕所在户外，就是三个坑。冬天天黑的时候，她和她的姐姐们经常结伴去上厕所。她们举着一盏煤油灯轮流照明，在寒冷和黑暗中互相陪伴。我的母亲描述这些回忆时听上去无比温馨，她也很珍惜和姐姐们在一起生活的时光。结伴上厕所，和她们一起做其他事情一样自然，没有一丝羞愧。这仅仅是她们生活方式里的一个普普通通的部分而已。

有几个女生没和朋友一起上过洗手间？通常这种情况下，我们咯咯笑着，聊着天，内心洋溢着因彼此的联结而感到的喜悦——根本就没有什么值得羞愧的地方。

按约定时间赴约的重要性在不同的文化中是不同的。在瑞典，如果比约定的时间迟到2分钟，我们可能就会感到羞愧。在其他国家，或许人们"迟到"30分钟都面不改色。关于此事，我的第一次感慨是在18岁那年，当时我在以色列一家集体农场当志愿者。我和另外一个芬兰女孩下午很晚才到农场，他们要求我们第二天早上6点钟到达我们的岗位。我一觉醒来才发现只有几分钟的时间就要上班了，一阵羞愧袭来，我腾地坐了起来，和我的芬兰室友说我们最好快点，我们要迟到了！

她可能和我一样尴尬，一言不发地套上衣服，准备出发。我们在黎明前的昏暗中踟蹰前行，令人欣慰的是我们在6点前几分钟到达了指定的地点。那时天完全是黑的，没见着别人，门也是锁着的。我们感到很困惑，站在那儿面面相觑。6点10分，工头骑着自行车来了，简短地问了句早安，打开了门。6点半，工作人员聚齐，大家进了屋，坐下来开始喝咖啡聊天。没有人为他们6点没到岗而感到羞愧。我脑海里的评判在翻滚，但又慢慢变成了一种奇异的感觉。恼火慢慢平息后，我意识到关于生命和不同的生活方式，我还有很多要学习的地方。

荣誉和羞愧

> "回到壁橱里！你什么都不是。你的年龄不对，眼睛、头发或皮肤的颜色不对，你的性取向我们不熟悉，宗教信仰也不合适。你得改过来或者永远藏起来。回到壁橱里！"
>
> ——埃伦·拉尔森（Ellen Larsson）

当我们挑战事情应有的准则时，羞愧就会浮出水面。无论是关于男人和女人应该什么样的标准，还是关于长者和青年应该如何行为的规范，只要有人打破了常规，羞愧就会立刻出现。

与荣誉相关的暴力行为，往往与特定的文化相关，在这种文化下，个人行为可能会与让整个家族或群体蒙羞相关。某些行为或选择被视为禁忌，可能会成为暴力、死亡或被群体驱逐事件的导火索。在瑞典的一次展览中，《与名誉有关的暴力——对其他人来说是个问题吗？》以惊人的展出方式揭示了这种情况发生在所有权力凌驾型文化中，包括当今几乎所有的社会形态。[12]

展览上他们讲述了一个真实的故事，一开始观众并不清楚事情到底发生在哪种文化、宗教或地理区域中。这个故事描述了一名妇女被自己的丈夫、孩子的父亲虐待多年，无法忍受，最终去警察局告发他。结果她自己的原生家庭开始给她发威胁信。除非她答应回去和那个男人生活，否则不准她进家门。家人声称这种要求是合理的，理由是如果她继续告下去，会给家人带来耻辱。他们要求她回到那个男人身边，否则就再也不愿见她。尽管以西方视角看展览的每个人都认为这个故事绝不可能发生在瑞典，但故事的结尾却表明这恰恰就发生在一个瑞典家庭。

一旦有人违反或超出了群体或社会的规范，无论是什么，都容易引起人们的注意。一方面，人们经常拒绝承认发生的事情，或者带着不解、怀疑甚至是厌恶的态度去看待它，就像上面那个故事中的女人被自己的亲人拒之门外一样。另一方面，对于其他人来说，同样的举动可能会值得庆祝。例如，妇女团体会为她的举动和勇敢鼓掌，并把她视为可以给其他人带来勇气的榜样。

有时，我们将社会道德观念深深地融入自我，以至于不管好坏都把它看作对我们能做什么和不能做什么的限制。一个朋友伤心地告诉我，他的妻子要离婚。我们聊了一会儿之后，他哭得更厉害了，突然说道："我一点办法也没有，她的新欢是个女的，我甚至都不能打她。"

他的妻子决定离开他，不是为了别的男人，而是为了另一个女人。他想把对手打一顿，这是他认为的重拾尊严的机会。可他现在所处的境地超出了自己的想象，打破了自己的行为准则，这让他感到十分强烈的绝望。

为邋遢而羞愧

最近瑞典有一项研究表明，家里一片狼藉时不速之客的到访在瑞典人的羞愧清单上是排在第一位的。在接受调查的瑞典人中，有56%的女性和42%的男性（总人数的49%）都表示，在这种情况下他们会感到羞愧。[13]

经常有人说我大大咧咧，整理家务确实也不是我的爱好。当有人来做客，家里却乱七八糟时，我经常会感到羞愧。这种情况下，通常会发生类似下面的奇怪对话。

我抱歉地说：实在抱歉，家里像平时一样乱七八糟。

对方则开心地回答：我不是来这里检查卫生的。

当我拜访别人家，他们也为家里不整洁道歉的时候，我会脱口而出回答：没事，我家也这样，我感觉就像回自己家一样！

尽管这样的对话可能是以玩笑的方式进行，但双方往往还是很紧张，不太自在。这两种答复的初衷都是为了让对方不再羞愧，放松下来。因为即使不是那么明显，这些情景下的羞愧也很容易看出来。我们不仅可以在尴尬的笑容、僵硬的嘴角和担心的眼神上看出来，还可以在对方紧张的笑声和戏谑的评论中听出来。

我们越是对凌乱的房间感到羞愧，就越不可能定时打扫。因为当我们感受不到自由的时候，就很有可能开始厚颜无耻地反抗：

我就愿意把家里弄得乱七八糟。这可是我的家！

但就算是对于打扫这样的小事，羞辱或责备任何人（甚至包括我们自己）都会适得其反。

童年羞愧

当我被打屁股（通常被认为是对儿童的暴力行为）的时候，最痛苦的不是挨打本身，最具威胁和侮辱的是被罚待在床上，直到"冷静下来"。挨打通常是突然降临的，而且总是在我精力充沛、正在开心玩耍并且越来越吵闹的时候。因为我的母亲当时压力很大，家里没有帮手，我的吵闹最终让她忍无可忍。

第四章　羞愧的冒险之旅

一直到20世纪，羞辱、打屁股和其他惩罚措施仍然是瑞典养育儿童的常见方式。在学校，老师还会让孩子在角落里罚站，或给他们戴上"伊丽莎白圈"[一]，或用尺子抽打手心，或打屁股，以此来羞辱和惩罚他们。

1979年，瑞典成为第一个实施禁止体罚法的国家，许多国家也紧随其后。没有任何证据表明儿童受到的惩罚或羞辱会帮他们学会体贴和关注他人的需要。

对于孩子来说，遭到羞辱是既痛苦又危险的。在很脆弱的状态下，如果不能归属于一个群体，或者不被自己的群体接纳，对他们来说，这将会是很艰难的经历。

我儿子4岁时，他（和其他很多人一样）很难和嘲笑他的人打交道。一旦觉得有人想要拿他寻开心，他很快就会心情抑郁，脸色阴云密布。对尊重和归属的需要只要没有得到满足，他的"天线"立刻就感应到了，立即会做出反应。在这种情况下，我们可以帮助孩子触碰到他的需要，而不是告诉他"可能人家不是认真的"，或者"我只是在开玩笑"。

我以前常对儿子说"你想要得到尊重，但现在有点困难"。尽管这些词语听上去很"成人"化，但儿子好像明白了我是想确保他是被尊重的。他看着我，点了点头，就继续玩去了，好像啥事都没有发生过。正因为他并没有掩饰自己的反应，支持他重获自尊就很容易。等孩子们长大一些，很多孩子学会了隐藏羞愧或不满，我们就很难发现

[一]　"伊丽莎白圈"又称"耻辱圈"，是防止动物舔舐正在愈合的患部而套在它们头上的一个截锥形脖圈。——译者注

他们什么时候会需要支持了。

很多研究证明，从长远来看，对儿童进行羞辱或责骂没有任何好处。相反，反复的羞辱会给孩子留下一生的烙印，并导致孩子内心情感像噩梦一般混乱。在美国，对10岁儿童的羞辱已被证明与其长大后吸毒、辍学和犯罪有相关性。[14]

作为成年人，我们会为自己与生俱来的感受和需要感到羞愧。如果我们在儿童时代没有得到过支持，还被教育必须自立，那么成年后对外寻求支持时就会觉得很受伤。我们很多人甚至羞于向别人请求每个人都需要的东西。

有一天，我说了一句立马就觉得后悔的话。当时我和家人正在去一家高级餐厅的路上，我3岁的儿子没穿衣服。那是一个炎热的夏天，他平时就喜欢整天光着身子，自然不明白为什么这会儿就该穿上衣服。在尝试了各种方法想说服他穿衣服之后，我说：

每个人都穿着衣服呢……

还没说完，我就停了下来，想起了不少家有青春期孩子的朋友的故事。这些父母的恼怒声还回荡在我耳边。他们向我抱怨孩子经常用的一个说辞：

每个人都有……

父母接着说：

他不想承担任何责任，反倒说他所有的朋友都可以在外面玩到晚上11点。

或者：

买这么贵的鞋子，只是因为其他人都有，这太荒唐了。而且，怎么可能所有人都有这么贵的鞋子。

或者：

她号称别人都这么做所以她才这么做，她觉得这样就能逃避惩罚。

父母和孩子可能会为不同的问题争吵不休，但是吵架方式通常都差不多。我听过无数次我的朋友们在试图说服孩子的时候采用了我刚刚想要采取的办法。父母告诉小孩子说，他们必须做某事，"因为其他人都……"；后来孩子们到了青春期，父母尝到了"自己种下的苦果"。

我注意到，在儿子光屁股事件中，刺激到我的原来是我自己想要避免羞愧。如果他赤裸裸地走到餐厅，人们会怎么看我！当意识到我只是想摆脱自己的羞愧后，紧紧控制着我的要求孩子穿衣服的执念就一下子松开了。接下来就比较容易倾听和讨论他的选择对我的影响了。我告诉他，我一想到他要光着身子进餐厅就会觉得害羞。我还告诉他自己有点担心，担心其他客人没法放松并享受自己的晚餐。令我惊讶的是，他突然就愿意穿上几件薄衣服了。

青春期羞愧

你只想着你自己！

别那么自私！

你真应该感到羞愧！

你真的觉得这就足够好了吗？

我在小时候经常会听到上面这些暗含着让我羞愧和内疚的指控。我们没有电视节目《超级保姆》（*Super Nanny*）中的可以"暂停并反省"的地方㊀，但这些话却经常让我的成长经历变成一个大大的"暂停并反省"。

我年轻时和饮食紊乱症抗争了八年多。后来当我在为本书做研究时，才完全意识到，在要么饿死自己、要么强迫性进食之间做选择的时候，我有多羞愧。我为自己的身体感到羞愧，以暴饮暴食的方式逃避羞愧，然后全吐出来，又为呕吐感到羞愧，却接着又吐，就这样进入恶性循环。大人对待我的方式让我难上加难，更加不知道怎么处理。我最需要的是被倾听。挪威的心理治疗师和精神科医生费恩·斯卡德拉德（Finn Skårderud）提出了"羞愧综合征"一词，用以描述饮食失调、成瘾和其他自我毁灭性行为。[15] 他认为羞愧既是饮食失调的诱因，也是饮食失调的后果，这也和我自己的经历相吻合。

家里的一位亲戚每次遇见我，都会说我胖了或是瘦了。每次和他见面的头几分钟都让十几岁的我倍感压力。即使我还挺喜欢他和他的家人的，但也尽量不去拜访他们。一想到他会看着我说"你有点长胖了哦"，我就羞愧难当。

就算他说的与事实相悖，我也不知道该怎么回答，压力让我什么也说不出来。只有父母逼我的时候，我才会去他家。我也从来没有和别人提起过这件事给我造成的影响，因为我实在是觉得太羞愧了。我

㊀ 《超级保姆》是一个育儿类的电视节目，孩子们犯错时，经常被要求站在"羞愧角落""羞愧毯"或者其他地方，反省自己的错误。

第四章　羞愧的冒险之旅

希望我的父母会去质疑他这种强调孩子体重的方式，这本来可以帮我放下对自己身体的执念，正是这种执念让我无法忍受去他家。

青少年时期，当身体发生显著变化时，羞愧通常会随之而来。在青少年文化中，外貌通常至关重要。我是三姐妹中的一个，至今仍然记得十几岁的时候，我们三个经常在浴室镜子前为争抢地盘打架。对这个年龄的孩子来说，不好好打扮一番就去上学是不可以的，那种感觉就像是一直被人盯着看一样。有一次，姐姐把我的刘海剪得太短，我就想待在家里直到头发长长。父母逼着我去上学，我现在还记得那个去学校面对羞愧的艰难时刻。强迫某人直面他的羞愧，并不能转化羞愧。

被羞愧控制的家庭有一个核心特征是家丑不外扬。我被厌食症和暴食症折磨了整整八年，直到痊愈后，我才与外人谈论这些症状。在那之前，我只是把它装在自己心里。当内心的羞愧转变成愤怒时，我才开始从厌食症和暴食症中慢慢恢复。在那之前，我好久没有生过气了，但会突然间因为一件小事大发雷霆，有一次还暴怒到晕倒。直到那时，我才意识到自己需要帮助，一个能够真正聆听我的人的帮助。

那是我做过的最恐怖的梦。

16岁时，我穿着一只有缝边、另一只没有缝边的长袜去上学。

在梦里的走廊上，起初我一直往前走，对自己还挺满意。

接着我听到有人窃窃私语"你看见了吗"，越来越大的咯咯笑声和叫喊声回荡在我的脑海里。我开始心跳加速，面色涨红，皮肤发烫。

我看到自己在长长的走廊上小跑，两旁站满了吵吵闹闹的大男孩和毒舌女孩们。

而我只想继续奔跑，跑出去，离开这里，沉入地下，化为虚无，再也不要看到一个人，永远。

这似乎是摆脱羞愧的唯一方法。

对于一个16岁的孩子来说，她只是穿着一只有缝边、另一只没有缝边的长袜去上学。

——卡塔琳娜·霍夫曼（Katarina Hoffmann）

偷窃与羞愧

"偷窃是不对的吗？"

"是！"

"为什么呢？"

我们可以根据不同的假定或所谓的道德水平的发展，来判定什么是对的或者错的。[16] 我感兴趣的不是这事是对还是错，而是为什么会如此判定。让我们来探究一下为什么偷窃是不对的。在下面的前三个解释中，羞愧和内疚是深层原因的一部分。

原因1：因为法律禁止。

偷窃是错误的背后，原因是我们必须遵守法律。如果别人违反法律，我可能会生气，并认为他们应该受到惩罚。如果是自己做了违法的事情，我会感到羞愧或内疚。

原因2：如果被人看到，我可能会受到惩罚。

这里的深层原因是逃避惩罚。如果我还是偷了东西，并受到了惩罚，我可能会对那些惩罚我的人生气，如果有机会，我还会对他们进行报复。

原因3：别人会不喜欢我。

这里的深层原因是想要被喜欢，要"买爱"。如果别人发现我做了被禁止的事，我可能会感到羞愧或内疚。

原因4：可能会伤害到其他人。

因为相互尊重和关爱对我很重要，所以我要避免做任何可能伤害他人的事情。如果我做了什么事情伤害到了别人，又没能找到可以同时弥补自己和他人的方式，我会为此哀悼，并且会尽我所能来修复伤害。

性和羞愧

性的紧张感基于人的脆弱，以及由此而来的一定程度的羞愧。还记得上次与别人谈论性让你兴奋的地方时，你是否至少有一点点羞愧呢？除了亲密关系中的脆弱性，很多人还为自己的身体感到羞愧。在已经局促不安的情形下，在别人面前赤身裸体就更富有挑战。

当我们开始性接触时，通常会感到很脆弱，同时又愿意冒着赤身裸体的风险。随着越来越有信心被对方接纳，我们就能够采取行动来逐步加深双方的联结。

我听很多人说过，在交往中感觉不到兴奋和吸引力之后，性爱体验就变得压抑了。有时，我支持人们追求更亲密的伴侣关系，但难点之一在于如何提出清晰和具体的请求。尤其是在性方面，提请求非常具有挑战性。很多人已经习惯了某种亲热姿势，即使心里可能想尝试别的姿势，然而告诉对方你的请求可能会引发巨大的羞愧，以至于很多人一声不吭。经常有男人告诉我，他们想问女人能够让她获得愉悦的方式，但由于过于害羞，没法问出口。类似"如果我是个真正的男人，就应该知道如何满足我的女人"这样的想法害人不浅。

"这样挑逗真的可以吗？你还会尊重我吗？"是我所辅导的女性想要问对象的常见问题。她们告诉我，自己感到巨大的压力，想要在亲热时更热情奔放，但又不想过度性感。她们想被尊重，但是常常不知道如何提出请求来满足自己的需要。在这些情况下，问题的关键往往不在于男人的想法，而在于女性与自己的关系以及她允许自己如何感受。不管怎样，知道了男人欣赏女人的性唤醒，对女人来说很宝贵，可以帮助她们自由地享受性爱。

一对结婚30年的夫妇告诉我，他们参加了我开设的亲密关系课程一段时间后，终于敢开口向对方提出性方面的请求了。毫不奇怪，他们因此生活质量更高，夫妻之间的关系更加亲密了。

在权力凌驾型结构中，性在很大程度上以控制和顺从为基础。对女性顺从的性冲动使暴力成为性行为的一部分。

感受不到激情和热度时，我们可能意识不到自己的性欲望，甚至还会为此感到羞愧。接着，我们可能会通过令人兴奋的幻想来逃避这种羞愧,这意味着我们并没有真正与他人在一起,甚至可能会越来越不想和对方亲热。

彼此熟悉的伴侣通常会形容他们现在的性生活和刚认识的时候相比,虽然没有刚认识时让人兴奋,但更加享受了。这种静静的享受也许是因为他们发现了转化羞愧的方法,现在的性生活更多的出于双方的亲密感而不是权力关系或者紧张气氛。

对恶心和异味的厌恶

根据情感理论(the Affect Theory)[一],人类有九种不同的情感:喜悦、惊讶、愤怒、恐惧、悲伤、羞愧、厌恶(对难闻的气味的反应)、恶心和好奇。

情感(Affects)可以被描述为"影响我们身体的生理上可测量的反应"。[17]这些反应包括血压升高或降低,呼吸节奏改变,身体释放出不同的化学物质。情感通过加强刺激,让个人能够重复感觉良好的行为,并避免感觉不良的行为,从而促使我们满足自己的需要。

这些情感在我们体内确确实实地发生着,即使我们并没有意识到。

在人类的认知发展中,对不良气味和味道的厌恶有重要作用,二

[一] 席尔文·S·汤姆金斯(Silvan S. Tomkins)是情感理论的创始人,1911年出生。他一生致力于心理学研究,在近40年的时间里创作了一套四卷本的《情感意象意识》(*Affect Imagery Consciousness*)。汤姆金斯使用情感的概念来指代"情绪的生物部分",定义为"存在于我们每个人身上的硬连线、预编程、遗传传递的机制",一旦被触发,就会引发"已知的生物事件模式"。——译者注

者都能帮助我们避免中毒。这些感觉非常强烈，以至于即使是偶尔想起令人作呕的东西，也能对我们的食欲产生负面影响。幼儿对异味的厌恶是生物本能的自我保护，他们会吐出所有味道不对或气味不好的东西。

作为成年人，我们会厌恶某个人，想和他保持距离。这种厌恶常常与我们对他的偏见混杂在一起。对他的评判使我们不愿与他的需要和愿望产生联结，而常常选择避开这个人。我们可能会这样说或这样想：

> 他的所作所为让我感到厌恶，或者他令我恶心。

恶心和厌恶常常与羞愧混杂在一起，这会放大感受，使最轻微的羞愧体验都痛苦不堪。我们往往紧张地大笑，嘴角挂着僵硬的笑容，并试图以"嗤之以鼻"的方式来掩饰羞愧，甚至为了避免被羞愧碾压而不惜做任何事情。

羞愧本身并没有那么难受，但当它混杂了恶心和厌恶时，就会变得让人非常不舒服，以至于我们会不惜一切代价摆脱它。如果没有这种混杂的放大效果，羞愧相比其他感受，可能并不会更加令人不快。

为感到羞愧而羞愧

> "在一个女孩子面前脸红，比你脱裤子时被抓到还糟糕。"
>
> ——加布里埃尔（Gabriel，18岁）

根据纳散森（Nathanson）的研究，羞愧总是紧跟着高兴的事情。例如，我们可能正在感受与某人的紧密联结或者正在庆祝成功时，羞愧打断了我们的欢乐，提醒我们还有需要没有得到满足。可能是言行一致、尊重、接纳或者联结的需要。

羞愧充其量是一种模糊的不适感，让我们停下来，思考一下刚才发生了什么。假设我们刚刚说了一些认为是隐私的事情，也许会停下来，评估一下如果传出去了，我们还能否被某个群体接纳。因为急切地想融入大家，小心翼翼地不想破坏重要的关系，我们会问自己，是否错拿"禁忌"的话题开了玩笑，或者笑得"太张扬"。

人们提到羞愧时，常常探讨的是如何摆脱羞愧。羞愧本身就令人感到羞愧。我们为自己脸红或感到不安而羞愧。我们越掩饰自己觉得自己沽名钓誉或做错事的反应，就越担心别人会注意到这些反应，从而发现我们确实错了。当人们发现自己脸红时，他们常常会感到更加羞愧。瑞典三分之一的年轻人说，他们为自己很容易脸红而感到羞愧。[18]

把关注的重点放在不要脸红，就好比更换保险丝太麻烦，就把保险丝盒扔到窗外一样，这样并不会帮助我们找到保险丝烧断的原因。当我们为感到羞愧而羞愧时，羞愧并不会离开我们，反而把我们紧紧抓住，我们越是努力尝试摆脱，它就越是把我们抓得紧紧的。事实上，羞愧感还有可能会增强，因为在努力避免羞愧的过程中，我们可能还会做出更多让自己感到羞愧的事情。

我们觉得羞愧是不好的，因为它证明了我们很软弱或者自己做错了事，又或者证明自己掌控不了局面。因此，接受自己的羞愧并与别人讨论它，是非常有挑战性的一件事情。

用"羞愧"这个词来表达内心的感受可能会让我们情绪很激烈。

我和几个人讨论过他们的羞愧经历，他们说，用害羞、尴尬或令人痛苦的、脆弱的等词汇来代替羞愧一词时，更容易处理这种感受。其实，羞愧本身没有错，甚至评判自己也没有错。我绝不会建议大家阻止或逃避羞愧。我的提议是，自我指责是在提醒我们需要暂停一下，觉察内心正在产生的感受。只有这样，羞愧才会成为我们更深刻地理解自己的关键。如果我们一心想要逃避羞愧，反倒容易被它控制，我们大多数人都太容易觉得羞愧了。当我们愿意去体会羞愧，而又不向那些与它紧密相关的想法投降时，羞愧就很难把我们变成听话的傀儡。

担心别人的看法引发的羞愧

有时，别人对我们做的一些事情，按理说是对方的问题，但往往使我们感到羞愧。被强奸或被虐待的妇女通常会对自己的经历感到羞愧，有时她们的反应是对发生的事情保密。

在写本书之前，我听了一个讲座——"她为什么不离开他？"。这个讲座是讲妇女为什么会留在受虐关系中而不是逃走，对于很多人来说，这些原因简直无法想象。当然，这个问题没有单一的答案，但我完全相信，社会规范在其中扮演了重要的角色。从看似正常的状态走出来所要面对的羞愧就是一道很大的坎。被虐待的女人不仅要有勇气离开那个殴打她的人，还要有勇气离开那个她可能仍然爱着的男人、她孩子的父亲，还有在我们的文化中共同梦想的亲密关系和核心家庭（大多数人认为正常的生活方式）。

如果女人离开这个男人，羞愧就会伴随着她。于是她成了违反常规的那个人，这似乎表明她没有能力生活在一段关系中。即使她是被虐待的一方，也常常为施虐方承担了很多的羞愧。

阿格内塔·斯跃丁（Agneta Sjödin）在她的半自传体小说《一个女人的旅程》中描述了主角回忆自己被强奸时的情形。[19] 她描述说那时候自己竟然担心朋友会闯进来看到她。当我读这本书时，想起了自己在印度旅行期间，被袭击还差点被强奸的过程。我使劲反抗、拳打脚踢，终于摆脱了两个男人的魔爪，但是再次回到安全的地方时，我却很犹豫，不想告诉朋友发生了什么事情。我羞愧到竟然产生了"我怎么会这么蠢"和"这全是我自己的错"之类的想法。幸运的是，我读过很多关于受害妇女常常自己承担羞愧的报道，那一刻我在这些报道中看到了自己的影子。然后，我才能够去和朋友倾诉，为惊吓状态中的自己寻求支持。

直到我开始深度探索羞愧，才意识到自己实际上在18岁时就被强奸过。25年来我一直在屏蔽这段记忆。我被那个男人吸引了，但是当我们亲近时，我清楚地知道自己并不想有性接触，也告诉了他，可他却没有一点儿停下来的意思。由于我不堪忍受告诉别人自己被强奸了所带来的耻辱，更愿意假装自己一切还好。20多年后，当我意识到这一点时，泪如雨下。我还意识到，将这种秘密保守在自己心底的人，并不只有我一个——这是非常不幸的事实。

你还会发现，当别人和你谈论自己的羞愧时，你也很容易感到羞愧，想要逃开，不再和他谈论这些。可见，羞愧是会传染的，所以当别人感到羞愧时，我们也会感到羞愧。

我第一次听到有人和我说她要去法院控告丈夫殴打自己时，这夫妻俩我都认识，我记得当时我在椅子上不安地扭动。我应该说什么？我应该怎么做？其实，我最想做的事就是走开。我也明白这些想法最好不要大声说出来。当时，我脑子里冒出来的想法是："真的有必要吗？""你真的一定要正式起诉吗？"

当时，我为她和我以及我自己的想法感到尴尬，而不是她老公的所作所为。过了很久，我才开始对那个男人的行为感到愤怒。

替别人感到羞愧

正如会为别人感到骄傲一样，我们也会为别人感到羞愧。我们心里有个雷达，可以探测尊重的需要是否得到了满足。一些行为尴尬的人似乎并未注意到自己应该感到愧疚，所以我们替他们羞愧。很多喜剧都是基于这个原理。例如，喜剧演员罗温·阿特金森（Rowan Atkinson）在扮演憨豆先生时，不停地做一些你永远不会做、也想不到的事情。一看到他，我就会觉得羞愧，尽管知道这只是一部电影而已。但他却一点也不觉得羞愧，所以我必须替他感受。

还有一次替别人感到羞愧是在我十几岁的时候。

"快看那人在做什么！"

一个大一点的女孩指着那边，咯咯直乐。我们当时坐在学校的咖啡馆里。就在那天，我有幸和一群高年级的女孩坐在一起。我13岁，上7年级，听到比我大的女孩谈论男人和其他有趣的话题总是很兴奋的。

"他看起来不太聪明。"

另一个女孩加了一句。当我好奇地抬起头，却当场僵住了。我的老天爷！那个吸引了这么多注意力站在那儿的人，正是我的父亲。

"他看起来像条狗呀。"其中一个女孩讥笑道。"不，更像个白痴。"有人说，每个人都咯咯笑起来。

我浑身起了鸡皮疙瘩。那是我父亲，他身着全套俄罗斯服装，头上戴着皮帽子，护耳向两边支棱着，身上的夹克极其丑陋，出现在我学校的咖啡馆！

爸爸向咖啡馆里张望着找我。因为我知道他很快就会找到我，我快速收拾好东西。羞愧淹没了我，我只想找个地缝儿钻进去。我低声对朋友们嘟囔了几句后起身离开，径直走过父亲身边，看都没看他一眼，路过他身边时从嘴角挤出一个字：

"走！"

我不想让别人觉得我和这个令人尴尬的怪物有任何关系。我对接纳和群体的需要受到了威胁，所以我不惜一切代价避免别人把我和引发我羞愧的东西或人联系在一起。今天回想起这件事情，我感到非常难过，很希望自己当时有勇气告诉朋友们那是我的父亲。如果当时有其他方法帮助我意识到我需要接纳，非常希望融入她们，我就没有必要否认和他的关系。

做羞愧的主人

> ### 有助于我们应对羞愧的一些假设
>
> 1. 选择如何看待问题，会影响自己是不是觉得羞愧。而且，也会影响我让事情按照自己希望的方向发展的能力。
>
> 2. 与其尝试摆脱羞愧，不如将它看成"警告"，帮助我们看到自己触碰的是评判，而不是自己的需要。

我们以前处理羞愧的低效而惯性的行为模式是完全有可能改变的。感到羞愧时，第一步是要意识到我们的行为方式不会长期有效。第五章介绍的需要指南针在这个方面会有莫大的帮助。

正如我之前提过的，对处理羞愧颇有帮助的是学会识别它在体内的感觉。你可能会觉得脸逐渐发烫，浑身直冒冷汗或一阵阵发烫，和别人对视时会觉得尴尬，口干舌燥，胃部痉挛，还会感到焦躁不安，只想逃离。每个人的羞愧表现都不相同，但是当你学着去觉察自己身体对羞愧的反应时，羞愧往往就很容易识别了。

跟随引发羞愧的想法，一路到达它的核心——感受和需要，是令人兴奋、富有挑战又颇有回报的旅程。一路上，你会发现羞愧有很多副面孔，最终，在它的核心，你会找到对尊重、接纳和归属感的需要。

为了到达羞愧的核心，要把对尊重、接纳和归属感的需要与我们用来满足这些需要的策略区分开来。通过区分两者，我们不再会给别人机会来指责我们。现在，我们已经有力量也有责任来处理自己的羞愧了。

反过来，我们也可以这样帮助别人。在别人责怪我们时，不为他们的感受负责。每一次我们决定不为别人的感受负责时，他们就有更多机会来发展新的行为方式，从而更有效地满足自己的需要。

羞愧和脆弱

> "永远不要活在羞愧中，即使全世界都在传你的事迹或言论，即使他们传的都不是真的。"[20]
>
> ——理查德·巴赫（Richard Bach）

觉得羞愧时，我们的行为通常会孕育更多的内疚、恐惧、距离感和自我批评。我们很轻易会忘记每个人都会时不时觉得羞愧，所以总想假装自己没有这种感受。但是我们越想隐藏羞愧，羞愧就越猖狂地压制我们。

展现出脆弱对人是有益处的，为了理解这一点，你可以问问自己在哪些情况下感觉自己很脆弱，但又竭力不表现出来。你有没有变得更强硬、更冷酷？或是更退缩？你有没有为了"买"爱而做什么？有没有争论谁对谁错？你对自己的选择满意吗？还是渴望更深入的联结？如若你想要创造和他人的联结，把平时隐藏的脆弱表现出来，是大有裨益的。

人际交往对我们每个人都至关重要，和他人的深入交往让我们的人生更有意义。敢于展现自己的脆弱，会增强和他人的联结。他人可能会在我们的处境中看到他自己的影子，并在支持我们时，体会到他的重要性。在我们犯了错误后，如果试图掩盖自己的羞愧，我们就错过了脆弱带领我们去往更深层次联结的道路。人类生来不是为了隐藏自己所犯的错误，而是为了彼此建立联结。因此，同理心对我们来说非常重要。作为人类，我们生存的最大财富就是同理心与合作的能力。

我们可以把羞愧当作同理心的对立面，也可以把羞愧的内核作为同理心的开端。对脆弱的拥抱程度，决定了我们是走向同理心还是羞愧。逃避羞愧会成为同理心的障碍，而拥抱羞愧则是对同理心的邀请。

有一次我匆匆走进一家餐馆，因为忙着赶火车就有点着急，当我看到一个服务员时，就举起手冲他大声喊"劳驾"。他狠狠瞪了我一眼，走到我的桌子边，冷冷地说：

"没看到我正要过来吗？"

显然，他并不欣赏我伸出的手和急不可耐的心情。他的眼神让我愣住了，我感到羞愧。我很羞愧，因为我本可以观察他是如何专心工作、服务顾客并引以为傲的。触动我的还有一点，即使我自己急着赶路，也还在真心关切他的需要。

当时，我觉得一阵热浪涌过我的身体，我知道自己正处在羞愧中。接着，我注意到自己面部肌肉僵硬，嘴角挂着勉强的微笑，我意识到拥抱羞愧的时候到了。一旦做到这一点，我就对他、对自己都产生了同理心，不用费多大力气，就能理解他的需要是有尊严地工作。虽然他的应对方法使我没有觉得自己被看见、被接纳，但羞愧帮助我触碰到了自己的需要，并且重新享受当下。

通过羞愧看到需要

羞愧可以帮助我们发现自己的行为违背了自己看重的哪些价值。当别人信任我们，告诉我们一些私密的事情，我们却把秘密泄露出去并为此感到羞愧时，就有机会意识到言行一致或者出于对别人的关心采取行动的感觉有多好。在为用粗暴的语言对待孩子感到羞愧时，我们会意识到自己是渴望为他的幸福做贡献的。如果对感情不忠，我们可能会感到羞愧，但从羞愧中可以发现自己非常看重相互尊重、信任和关怀。我们可以从羞愧中受益，因为它可以帮我们学会如何尊重他人的界限，同时还能平衡自己的需要，如尊重、关怀、言行一致和贡献。

要看到羞愧里真正的美，我们就要知道如何处理那些认为自己一文不值、自欺欺人或沽名钓誉的想法。了解羞愧带来的不适，并且看到是哪些想法激发了羞愧，它引发的不愉快的体验就会消失。一旦不再相信羞愧意味着不值得被爱，我们就给了自己自由，从而以新的方式采取行动。

　　能够区分引发羞愧的思维模式及其背后的需要，有助于我们处理之前会让我们抓狂的事情。因此，能够将羞愧的天然核心与在权力凌驾型系统中的想法区分开来非常重要。

　　只了解羞愧本身，并不能改变这种感受。只有充分拥抱羞愧，并且觉察它对身体、思想和情感的影响，才能帮助我们消化羞愧，并进入它更加服务于生命的核心。意识到自己感受到羞愧，并不能帮助改变让我们感到羞愧的行为。我们需要理解和同理倾听羞愧引起的不适，行为才能得以改变。之后，我们就可以集中精力换别的方式满足需要。

　　只要一想到要暴露自己的缺陷，我们心里就不舒服，因为我们总觉得一旦有人知道我们不完美，就不会喜欢我们，坚信只有完美的人才会被接纳和被爱的想法是致命的，它使我们误入歧途。因为只有当我们愿意暴露自己的羞愧和脆弱时，才能真正摆脱羞愧对我们的束缚。我们似乎没有捷径可走，但是，这是一条"荣耀之路"，我们可以展露脆弱，敞开心扉，告诉别人我们的羞愧。

　　同时也要记住，在某些情况下，倾听我们的羞愧对别人来说也是很有挑战的一件事。因为听到他人的尴尬，会引发自己内心的羞愧。因此，有人感到羞愧并表现出来时，面临的风险是不但得不到理解，反而会被疏远或指责，有的人还会给建议、灌鸡汤或提供安慰来试图帮助他解决问题。在这种被称为"次羞愧"的情况下，考验的是对方的同理倾听能力。

从羞愧到联结

在羞愧袭来时，按照以下四个步骤可以重获联结和内心安宁。

1a. 体会羞愧时身体的感觉。有时可能感觉像一阵热浪袭来，让你面红耳赤，或者胃部不适。

1b. 提醒自己，触碰自己的感受和需要是很有意义的。不要做什么事来逃避羞愧或者麻痹自己。先和自己联结，然后再采取行动，否则有可能做出令自己后悔的事情。

2. 明白自己需要支持，和他人分享自己的感受对自己大有裨益。

3. 和可以同理倾听你的人联系，告诉他们你羞愧的是什么。如果没人有空，确保能花点时间同理倾听自己。和自己同理联结后，羞愧就不会控制我们。

4. 如果你没注意到羞愧正在裹挟你的身体，可以通过了解自己在需要指南针（见第五章）上的移动方向来识别你的感受。

处理羞愧练习

如果想更好地让羞愧为我们服务，记录一段时间自己的羞愧感受是非常有帮助的。

以下这组练习可能在几年后才能开花结果。

我经常问自己,在没有等级制度和竞争的社会中,我们的羞愧会是什么样子。如果不是大量与身材相关的营销影响了大多数人,我们会为自己的外貌感到羞愧吗?如果我们生活的世界不是通过自我批评和惩罚来修正错误,而是学会了通过别的方法来处理,我们内心的对话将是怎样的?这些内心对话还会导致羞愧吗?然而,由于我们大多数人都或多或少地生活在传统的权力凌驾型系统中,以上所有情况都无法避免。因此,我们能做的就是从了解自己的羞愧开始,学习如何管理它,让它服务于我们。

1. 列出羞愧事件清单

列出5~10件你人生中经历的让你羞愧的小事情,并写下当时是什么短暂妨碍了你去体验活力和快乐。

这些事情可能是像我那次转了好多圈找不到停车位,或者是问路时却发现要找的地方就在前面,又或者是在开车时犯了点小错误、别人朝你按喇叭的时候。也有可能是某些更令人情绪激动的情况,例如有人朝你吼叫或正好在你尴尬时看到你。

记下每种情景中你的自动反应——**你的羞愧反应**。使用第五章中的需要指南针作为你的指南。这个清单的另一种替代方法是上一章里的羞愧宾果游戏卡。

2. 看一部喜欢的喜剧片,从笑声中识别羞愧点

当我们感到开放并且快乐时,导致羞愧的想法就会浮现出来。羞

愧使我们对自己更有觉察，但不幸的是，由于强烈的羞愧吸引了全部注意力，我们常常会失去与快乐的联结。

这就好像我们体内有一个恒温器，可以调节我们的快乐程度。当恒温器触顶时，羞愧就来了。我们可以通过了解羞愧，有意识地调高这个恒温器的温度上限，为我们的生活增添更多快乐的空间。

有一种方法是看一部自己喜欢的喜剧片，并记下来你在哪里会笑出声。不要看那种有观众笑声背景音的肥皂剧，这样练习起来会更清晰。另外请记下来，当剧中人感到尴尬、沮丧或被嘲弄时，你笑了多少次。这是一种有趣而又清晰的方式，可以让你了解自己与羞愧和快乐之间的关系。

我儿子喜欢看《憨豆先生》。对于憨豆这个男人的大多数行为，我都觉得羞愧。但是这部剧教给我很多，让我了解到什么会"触发"我的羞愧，而其中的一部分羞愧在我看到儿子被逗得前仰后合时，已经转化成了快乐。

3. 用语言来探索羞愧

可以独自一人做或者在小组中一起做以下练习。

（1）在下面的列表中选择两个词语，并将每个词分别写在一张空白纸的顶端。当然，你可以使用的词汇肯定比列表中的词语要多得多，但先让我们从这些词开始，以便看出这个练习可以起到什么作用。词汇对不同的人有不同的力量，让这个人感到羞愧的词或许会激发另一个人的愉悦感受。

> 泄露，嫉妒，拒绝，背叛，挫败，失望，裸体，害羞，受挫，愚蠢，不好，性格不好，良心不好，自信心差，利己主义者，虚伪，可怜，假，封闭，懦弱，错，丑陋，傻，轻蔑，禁止，失败者，嘲笑，谦虚，谦卑，羞辱，尴尬，贪婪，无助，入侵者，忽略，无能，笨拙，批评，侮辱，敏感，荒谬，攀附权贵，无能为力，被操纵，被打量，笨拙，不聪明，不道德，不可靠，不性感，不称职，不负责任，麻痹，完美，整洁，私密，不尊重，性感，自私，羞愧，内疚，被击败，肮脏，受伤，自尊心受伤，丢脸，破碎，做作，书呆子，自卑，虚弱，粗俗，活该被轻蔑。

（2）想一想，在什么情况下，你用了这个词或听到别人用了这个词。你当时有什么感受？你做了什么？

（3）如果在羞愧的那一刻，你选择往需要指南针上的其中一个方向移动时，你会怎么做？描述一下你的行为。

（4）想象一下，在你感到羞愧的特定时刻遇到了一个人，他敏锐地捕捉到了你的感受。

他会说什么来帮你以有益的方式来处理这些感受？

什么可以帮助你体验同理心？

什么可以帮助你诚实表达？

什么可以帮助你触碰到自己的需要和渴望？

（5）在这种情况下，你需要什么？

请使用本书结尾处的感受和需要列表作为参考，并花一点时间与内在建立联结。

4．识别重要关系中的羞愧

列出对你的幸福最重要的人际关系清单。尽量简明扼要，把主要精力放在关注以下几个问题上。

（1）列出之前发生过的至少4个具体事件。因为某种原因，其中某一个重要关系断裂了或被干扰了。用一两句话简要描述每一个事件。

（2）找出每个事件中身体出现的一两个最明显的羞愧反应。用几个词简要描述一下每种羞愧反应，再简要描述一下你有哪些想法。

（3）现在，将羞愧反应与你的感受和需要联系起来。

当时有什么感受和需要？使用本书结尾的感受和需要列表作为参考，并花一些时间与它们建立联结。

（4）你希望对方说什么或做什么来帮助你满足需要？

（5）你希望向对方提什么请求？

（6）回到当时那种情景，你希望其他人做些什么来帮助你满足需要？这个人可能会说些什么？

（7）你可以向那个人提什么请求？

（8）回到当时那种情景，你希望自己说些什么或做些什么来帮助自己满足需要？

（9）你会对自己发出什么请求？

5．日常羞愧记录

坚持记至少一周日记，最好是一个月。每天写一页，在每页，写下前一天自己感到羞愧的情景。通常每天会发现5~10个这样的情景。

越留心关注羞愧的感觉，你能发现的此类情况可能就越多。

（1）描述你感到羞愧的体验，包括身体的感觉。

（2）写下具体发生了什么。

（3）写下触发羞愧的事件以及你当时的行为。清楚地描述出你的观察结果，尽可能不要作解释。例如：你听到谁说了什么、看到谁做了什么，以及你做了什么、说了什么或有什么想法。

（4）现在回忆起当时的场景，有什么感受和需要出现？

（5）如果有机会再来一次，你做的事情会有什么不同吗？你希望别人做些什么不同的事情？

（6）当时什么可以满足你的需要？

（7）现在做这个练习，你的感受和需要是什么？

（8）现在，你想对自己或他人提什么请求吗？

6. "羞愧日"练习

选择一天，在感到羞愧时不要去阻止它，而是尽情去探索。请携带一个笔记本，随时记下从探索中出现的灵感。一天结束后，写一个摘要。

在羞愧日，请遵循以下步骤：

第一步：

一旦发现自己打算做什么事避免或摆脱羞愧时，不要做！这样做不是为了让自己更羞愧。一般来说，意识到羞愧时，就已经足够羞愧了。只是去探索何时会感觉羞愧，以及它对你的影响。

第二步：

意识到羞愧背后的需要是什么，以及与需要联结时有什么感受。

第三步：

厘清自己逃避羞愧是要满足什么需要，以及为了避免某些状况发生而无法满足的需要。例如，为了保护双方的关系、与朋友和睦相处，你可能会避免提起一些让对方感到不舒服的话题。这里你没有被满足的需要可能是诚实表达、言行一致和信任。

第四步：

羞愧日结束后，花一些时间来反思对自己、自己的需要以及羞愧有什么发现。

7. 找出特别敏感的羞愧领域

想象你正和同事、朋友、亲戚，或者别的一群人在一起，然后你走开了，他们却还凑在一起说话。问自己，能想象到的他们对你最坏的议论是什么？这个答案，对于你在什么情况下感觉最脆弱并且会激发你的羞愧，会提供很有价值的线索。你可以从中找到规律，进一步了解自己在那些关系中什么需要难以得到满足。

还有一种方法可以找到你特别敏感的领域，即"羞愧"研究者布兰妮·布朗（Brené Brown）所建议的，你可以把下面的四句话补充完整。[21]

> 我不想别人认为我是＿＿＿＿＿＿＿＿＿＿＿＿＿＿＿＿＿＿＿。
> 我想别人认为我是＿＿＿＿＿＿＿＿＿＿＿＿的人。
> 如果别人发现我＿＿＿＿＿＿＿＿＿＿＿＿，我宁愿去死。
> 我没法忍受别人像＿＿＿＿＿＿＿＿＿＿＿＿这样看待我。

学会识别羞愧
逃避羞愧的需要指南针
这是谁的错?
谁拥有权力?
应对羞愧的四个方向
转化自己的羞愧
支持他人处理羞愧
从羞愧到脆弱的练习

第五章

需要指南针

05

学会识别羞愧

很多人都错过了体会羞愧的时刻,因为人们一旦闻到羞愧的"气味",就会立刻进入防御状态。人们通常下意识地使用一些常见的策略避免羞愧。在本章中,我将呈现这些常用策略。如果我们还没有学会识别羞愧在身体上的表现可以先了解为了避免羞愧我们会采取什么行动。

需要指南针是帮助我们了解自己行为的工具。这个工具与之前提到的非暴力沟通的原则一起,将有助于我们识别羞愧并和它交朋友,并增进我们对愤怒和内疚的理解。

需要指南针有四个方向,往其中的一个(或者几个)方向移动时,我们会错过隐藏在羞愧、愤怒和内疚背后的重要需要。我的学生和朋友使用需要指南针来发现自己那些逃避羞愧的时刻,在他们使用一段时间后,我听说了关于他们的一些类似小"神迹"般的故事。这种认知帮助他们找到了羞愧之外的处理方式,这些方式对于他们与自己以及他人的关系都有益处。

逃避羞愧的需要指南针

很多学者（让、谢福、纳散森和布拉德肖等人）（Jung，Schiff，Nathanson，Bradshaw and others）把人类处理羞愧的方法区分为四个不同的立场或策略。唐纳德·纳散森把这种方法命名为"羞愧指南针"，用来说明人们为逃避羞愧所采取的各种策略。他用"羞愧指南针"描述了人类使用的四种应对羞愧的策略。[1] 这些策略用来应付人们觉得自己做得不够好或者为自己这个人感到羞愧的时刻。我与纳散森使用指南针的方法有所不同。我把所有策略与需要联系在一起来支持我们。因此，我称之为"需要指南针"。

使用指南针，让我对情感的细微差别有了进一步的了解。以前感到羞愧时，我只看到一种或两种行为选择，现在我清楚地看到自己还可以选择很多其他的行为策略，这给了我巨大的自由感和选择权。需要指南针帮助我把羞愧看成加深内心联结的关键，而不是不惜一切代价设法摆脱的耻辱。

当我们意识到自己在努力逃避羞愧，就会明白这样做会付出代价。逃避羞愧让我们失去了联结需要的机会，我们可能就会选择无法满足需要的策略。无论我们朝需要指南针的哪一个方向采取行动时，都无法充分联结我们的需要。

因此，这并不是其中的哪个策略不好，应该用另外三种来代替的问题，而是去了解自己的行为和思维方式，以便能够有意识地选择去满足自己和他人的需要的过程。这为我们提供了一个独特的视角,可以更深地理解"反抗"和"顺从"的概念。学会识别这些内在信号后,我们可以用全新的方式把它们当成满足我们需要的关键。○

这是谁的错?

想象一下指南针的水平轴。沿着这个轴,我们正在寻找这些问题的答案:"这是谁的错?""该怪谁?"这是"正确—错误轴"。在轴的左

○ 需要指南针上的所有方向用非暴力沟通的语言来说,都是"豺狗"策略。

端（西边），我们责怪别人做错了什么，并认为他们不正常、自私、邪恶等；在右端（东边），我们出于各种原因责备自己，我们不够格或者不够好。

处在这个轴线上时，我们使用的是基于对或者错的静态评估语言，包括贴标签、诊断和分析等。

谁拥有权力？

沿着指南针的垂直轴，我们寻找以下问题的答案："谁拥有权力？"

在轴线北端，我们畏畏缩缩，放弃了自己的权力；我们屈服顺从，把权力让给他人。我们把大量的精力放在避免让自己陷入羞愧的境地上，以至于即使处在之前对我们很重要的人际关系中时也无法全心全意对待。

与之相反，在轴线南端，我们非常叛逆，就算以牺牲别人的需要为代价，就算和他们的关系会受到损害，我们还是会拒绝别人提出的请求，以此表明自己真的可以为所欲为。

我们玩的游戏要么基于权力凌驾于他人之上，要么屈服于他人，让他们来控制我们。在这个轴上，我们使用的语言否认了选择的自由，也不承认共同的责任——"我什么都不用做""我必须做""没有人可以阻止我""这与我无关""我低人一等""我高人一等""经理让我这么做的"和"我才不会让别人来指挥我呢"。

应对羞愧的四个方向

羞愧可以有几种处理方式。无论我们选择"需要指南针"四个方向中的哪一个，都是想摆脱已经感受到的羞愧，不让自己被羞愧淹没或是不开心。感到羞辱和羞愧之后，我们想要重获尊严和尊重。我们的目标变成了摆脱羞愧，不惜用其他任何感受——无论是愉悦的还是不愉悦的——来替代。在试过某种行为并有效地减少甚至完全消除羞愧后，我们下次通常还会那么做。但是只要我们试图避开触发羞愧的行为和情景，这样的做法往往就限制了我们的自由和权力。

想方设法摆脱羞愧感会带来悲剧性的后果，会让我们错失对自身需要的关注，而这本来是羞愧提醒我们留意的。我们还会因此错失深入了解和发展以更让人满意的方式与他人联结的机会。而且从长远来看，这些试图摆脱羞愧的策略和方法往往还会增加羞愧。

"需要指南针"的四个方向在我们的生活中总是反复出现，只要意识到这一点，我们就不会再试图摆脱羞愧，而是用这四个方向的策略来提醒自己回归需要。一旦没有联结到羞愧背后的需要，羞愧就会披着某种形式的外衣对我们穷追猛打。只有理解了内在需要传递的信息，羞愧感才会被转化，从而松开魔爪。然后，我们才会有更多的空间来决定接下来如何行动。

因此，在"需要指南针"的每个方向上，都有不同的行为策略来摆脱令人不舒服的羞愧——在大多数文化中，都几乎像有现成的行为模板一样，人们普遍采用退缩、自我批评、反抗或攻击他人等方式应对羞愧。

由于这些策略很普遍，在我们的文化中重复出现，大家可以在戏剧、电影或小品中轻易地认出它们。在培训中，我常常用角色扮演来帮助大家学习。有一次情景对话时，我扮演其中一个角色，过后有位学员大声说道："我老公就是这么说的。连用的词都一样！你是怎么知道的？"我当然不知道她老公是怎么说的，只是在处理某些特定情况时我也有相同的"编程"，因此很容易代入了这个角色。

转化自己的羞愧

我们把感到羞愧时的策略，总结为四种不同类型。这四种类型可以有多种组合方式。它们会让我们付出不同的"代价"，但是目的都是帮助我们逃避羞愧。

即使偶尔会同时使用这四个方向的策略，很多人还是有一个自己习惯选择的、最喜欢的策略方向。我们常常是无意识地用一种不易察觉的方式选择某种策略。甚至有可能你还没意识到自己觉得羞愧就已经采取了摆脱它的行动——有可能是试图化解尴尬的突兀笑声，也有可能是自认为做了荒谬或尴尬的事情后一个下意识的手势。我想很多人都见过别人输掉比赛后脸上僵硬的笑容。本来微笑是为了掩饰失望、自我嫌弃或者羞愧，但是大部分人都能看穿这种"假"笑，认出其中的羞愧。

虽然这个"指南针"通常用于处理产生羞愧的那些情形，但它同样也适用于感到内疚或愤怒的情况。这些情况下，在我们联结到隐藏在背后的需要之前，这个探索的过程本身往往也会导致羞愧。

> 1. 我们躲藏起来，保持沉默，放弃自己的追求和梦想，只为摆脱羞愧。
>
> 我们顺从、退缩、缄默，不愿表达自己的感受、需要和愿望。这很容易导致抑郁、绝望和冷漠。顺从的想法可能是这样的：

反正没人需要我。

我什么都不需要，我可以自己处理。

我不会表现出来……

我还不如放弃；无论如何，结果不会像我希望的那样。

2. 我们靠近羞愧，向它投降，并让它控制我们。

与人交往时，一旦有激发羞愧的事情发生，就开始批评自己。内心的批评家肆无忌惮地攻击和评判我们。我们表现出自己是受害者、失败者，不值得依靠，然后又道歉并为自己的无能羞愧，羞愧常常变成内疚。自我批评的想法通常听起来诸如此类：

如果我能学会不那么……

我还不够……

我是这样一个……

为什么我总是……

3. 我们通过反抗羞愧引发的各种不适来打击羞愧。我们会做原本害怕做的、反常的事情、让人诧异的事情，只是为了表明"我说了算"。

一旦认为别人在命令我们、威胁我们的自由，或者认为自己没有得到尊重，我们就会反抗。反抗表明我们是独立和自由的，想做什么就做什么，这样可以避免羞愧。结果我们很容易变得冷漠而沉默。我们不再关注他人的需要，进而发现自己对关怀、互惠、团结和爱的需要就更难得到满足。与反抗相关的想法可能有：

那对我不重要，我不在乎……

问题不在我！再没有变化，我就离开。

看着我，我教你应该怎么做事！

我们什么都不怕！应该有更多的人像我们一样，世界就会变得不一样。

4. 我们通过把权力凌驾在他人之上、大发雷霆或者激起别人羞愧的方式，来攻击对我们来说羞愧的所有事情。

我们威胁、攻击、谴责、批评和指责别人。生气时责怪别人，因为他们不应该那么做。我们命令，嘲讽，辩解，找借口，这些都会导致愤怒。显示我们在往指南针这个方向移动时的想法可能有：

这是你自己的错，你必须开始承担责任。

他们是胆小鬼，太软弱，根本做不到。

她/他/他们/你太……她/他/他们/你还不够……

当你退缩时

"那些不能展现自我的人，无法爱人。无法爱人的人，是不幸福的人。"[2]

——索伦·柯克果（Sören Kirkegaard）

避免羞愧的一种方法是退缩，不和人接触。我们不惜任何代价，只想远离那些似乎一直在审视我们或我们的一举一动的眼睛。这样一来，我们唯唯诺诺地做着那些认为自己应该做的事情，在有限的选择中打转。我们让别人掌舵，屈从于别人的决定。我们会保持沉默，不仅身体逃离现场，精神上或情感上也游离在外，或者让自己忙于其他事情，以此避免直面羞愧。

就算知道付出的代价是失去社交的安全网，我们也会退缩。即使很孤独，也是一种解脱，因为羞愧出现的次数减少了，因为没有人会足够靠近我们，把我们看清楚，同时这也意味着更少的人会发现我们不正常、无用、无能（或者有其他问题）。我们知道自己不完美，对自己有很多评判，但不希望我们在乎的人看到，所以我们把这些不完美隐藏了起来。虽然是我们主动和别人断开联结，但可以想象其他人也会拒绝我们，这就是我们孤独的原因。

当使用这种策略逃避羞愧时，羞愧过一段时间往往又会找上门来。这时我们感到羞愧，是因为虽然我们和人保持了距离，但还是担心别人发现了以后怎么想，因此这一策略会带来更多羞愧而非减少羞愧。

如果周围的人发现我们在逃避和他们的联结，他们很有可能并不知道我们内心发生了什么，他们可能认为我们不想联结。于是别人会以为我们不喜欢他们，这样一来又激起了他们的羞愧，所以接下来轮到他们退缩了。这样一来，本来是为了解决问题的行为，又制造出来另外一个问题。

令我们退缩的情况因人而异，例如：离婚、失业、生病、被霸凌、被殴打、考试不及格、对某人造成了伤害等。多数情况下，是我们认为会以某种方式让社会给我们打上烙印的行为或单一事件。还有其他一些常见的原因，比如说想隐瞒某种上瘾行为，或者失去了活下去的意愿。对于创作者来说，一想到别人可能不喜欢他们的作品，他们就无法忍受，因此他们停止创作和分享自己的作品，这世上就少了很多艺术、诗歌和音乐的伟大作品。

当我们感到羞愧时，和他人在一起很难有归属感。只有在说出来的那一刻，对方才会知道我们心里有感到羞愧的事情。说出内心当下的感受，而非三缄其口，可以改变一切。我们会发现自己不再为发生的事情感到羞愧，没准它还让我们更有觉察力。

即使是轻微的羞愧也会妨碍我们和他人联结。如果三缄其口，而非重建联结，我们就会成为孤岛——表面上在社交，但避而不谈对自己重要的事情，从而避免羞愧。

接受并拥抱羞愧，我们就能找到它背后重要的需要。没有找到需要时，我们不仅失去了重大的成长机会，更糟糕的是，那些原来可以陪我们渡过羞愧难关的人和我们渐行渐远。

── CASE ──────────

我将再次用安娜的故事说明，她有可能如何行动和思考，以逃避咖啡馆事件带来的羞愧。如果移动到指南针上退缩的这个方向，她可能会这么想：

"我不想再提这件事了。反正我也无能为力，就随它去吧。"

第五章 需要指南针

安娜会竭力不再去想这件事，甚至努力忘掉过去这一切。一想到这件事，她就极为不舒服。如果害怕出门会碰到这些老朋友，她就绕道而行。

有时，她发现自己会有这些想法：

他们本来就没有让我参与的意思。

这件事本来就和我没关系。

人本来就不应该期望过高。

合作太难了，我可以自己单打独斗。

有时，这些想法会进一步升级：

我还不如放弃，努力没有意义。反正结局也不会如你所愿。

如果安娜知道"需要指南针"，她会发现自己移动到了逃避羞愧的方向。接着，她意识到自己断开了与感受和需要的联结，而她本可以做些什么来重建她和朋友们的联结。

当她意识到自己不是真正选择了退缩，而只是为了逃避羞愧时，她可以怎么做？她可以自我同理，也可以找人同理倾听。

以下是自我同理的步骤。㊀

1. 她对自己的行为进行观察，了解自己做了什么。

在过去两个月里，我没有尝试和他们联系。我告诉自己最好放弃参与这个项目。我希望自己永远不用再见到他们。

2. 与自己的感受联结。

一想到要和他们沟通这件事情，我就感到害怕，紧张到想吐。

3. 允许自己害怕，花时间真正体会它，接着问自己：不想与朋友沟

㊀ 第三章有更多关于自我同理的内容。

通是为了满足什么需要？

我感到害怕，不和他们沟通，试图满足安全、接纳和尊重的需要。

4.问自己：逃避这件事，没有满足什么需要？

逃避没有满足意义、社群、安宁和希望的需要。

5.问自己：可以使用哪些策略更好地满足所有这些需要（包括第3点和第4点中的需要）？

答案可能会有：给一起开咖啡馆的朋友们写一封信，或用其他方式和他们联系。安娜意识到她的选择越多，就越有可能采取行动，而不是如此消极。假设她认为满足自己需要的唯一方法是马上与这些朋友谈一谈，她可能很难做到，那么情况就不会有任何变化。

6.她可以向自己和他人提出什么请求，支持她采取行动呢？

如果她选择不和朋友联系这一策略，为了打破僵局，和能带给她足够安全感的人谈一谈就相当重要。迈出这一步可能极为艰难，但当她发现自己不和朋友联系的原因，采取行动就会更容易一点。

当你找自己的错时

感到羞愧时，和周围的人相处，内心会非常脆弱。应对羞愧的方法之一是找出我们不喜欢自己的地方。如果我们先自我贬低，表现出自己没用或不如对方，那么忍受别人的批评就容易一点。他们的批评对我们不起作用，因为我们认为自己比他们说的更差。

自我批评常常暗含着一种希望，那就是别人对我们的批评不再那么严厉。我们对自己的所作所为表现出羞愧，认为自己很差劲，甚至表现出知道自己不值得对方的爱，这样他们会多一些宽容。如果别人依然责怪我们，因为自我批评已经建立某一种心理防线，因此无论他们说什么，我们都可以忍受。

当我们用自我批评来应对让我们羞愧的事情时，即使对方指责我们，我们还是会和对方保持关系，甚至身体受到伤害也依然如此。其他人可能很难理解我们为什么忍受这种待遇。但当我们深陷自我批评，任由对方践踏时，往往很难相信有人会真正关心我们。一个人最终能打破恶性循环，摆脱危险关系的原因之一是其他人道破了真相。

在进行自我批评之前，我们可能试过和对方切断关系，但难以接受这种做法。因此，我们转向自我批评，但局面往往变得更糟糕。因为孤立和排挤会给我们带来痛苦，所以在对方声称我们有问题或不值得爱时，我们放弃了为自己辩护，并接受了这种关系。为了维系双方的关系，我们贬低自己，让自己更渺小。就像拳击手被收买在比赛中假装倒地一样，在双方关系中，表现得低人一等则更为安全。

在充满竞争，多数人渴望成为赢家的社会中，我们总能发现有些人喜欢和失败者在一起，以此来获得优越感。

自我批评让我们感到羞愧，但至少我们没有被孤立，也不是孤家寡人。我们还是一段关系或者某个"群体"中的一分子，这通常比和别人切断关系要好一些。在人是社会一分子的大前提下，个人选择的这个策略会对整个社会造成一定影响。因为如果自我贬低的人内心压力过大，挫败感就会彻底摧毁他，悲剧就发生了。在美国、加拿大、德国和芬兰发生的校园枪击案中，对行凶年轻人的描述呈现出这些年轻人的共同点是，他们都很孤僻，独来独往，平时也不会惹麻烦——直到枪击那天。案件发生前，不会有人评价他们攻击性强、有暴力倾向或飞扬跋扈。[3]

这些人应对羞愧的方法往往是向"需要指南针"的退缩或自责方向移动。这让他们对周遭的世界越发感到沮丧，直到再也无法忍受。同时，他们也对枪支、战争和暴力电影有着浓厚的兴趣。因此，儿童和年轻人掌握除顺从或暴力之外的方法来应对羞愧，对大家来说都是好事。

看到《超级保姆》（Super Nanny）之类的育儿节目中有人使用进化版的"羞愧角"，还大受欢迎，我大惊失色。虽然瑞典学校里不再使用"羞愧角"这种方式，但有时老师认为学生在扰乱课堂秩序时仍然会要求他们离开教室。我们用孤立孩子的方式教他们如何应对羞愧。我明白老师要求孩子离开教室的目的是为了保证其他学生的学习。然而，从长远来看，当我们用排斥、羞辱或嘲笑等方式来惩罚孩子的"错误"时，他们从中学到的方式对自己和别人都是有百害而无一利的。

― C A S E ―――――――――――

"这是我的错"

当安娜发现自己选择了攻击和批评自己的策略时，她可以选择首先进行自我同理。为了同理自己，她从观察对自己说的话开始。请记住，这只是第一步。为了避免重蹈覆辙，她还需要与别人继续沟通。

1. 观察我们的想法。

安娜花时间充分体会自己的想法，倾听自己对自己说了什么，尤其是对自己的道德评判以及"应该"或者"必须"的想法。她对自己说，她沉闷乏味、缺乏魄力，现在还成了一个敢想不敢做的胆小鬼。她认为自己应该勇敢地去做点什么。

2. 联结批评自己背后的感受。

当我说自己沉闷乏味时……我感到既失望又孤独。

3. 将感受和需要联结。

安娜的失望和孤独说明她需要理解、希望和支持。

4. 下一步是问自己可以做些什么来满足这些需要。

可以和她信任的人聊一聊以寻求理解，或给与此事相关的朋友们写一封信，又或者当她去找老朋友沟通此事时，请第三方到场支持。

当你反抗羞愧时

"不要让任何系统权力凌驾于你，逼你反抗或顺从。"[4]

——马歇尔·卢森堡（Marshall Rosenberg）

就算找到了一种方法暂时帮助我们避免了羞愧，也不能保证它永远或随时有效。有时，尽管我们竭尽全力想逃开，却还是会被羞愧压得喘不过气。当习惯性的逃避方法再也不奏效时，我们就会慌不择路。

与逃避相反，在指南针的南边方向，我们不惜一切代价想要引人注目。只有被人看见时，我们才心满意足。在这个方向，别人越不让我们做什么，我们就越要做。而且，可能还会做一些别人挑衅我们不敢做的事情。

看我！我想做什么就做什么！

当我们用反抗来逃避羞愧时，别人很容易忽略我们的羞愧。我们毫不理会羞愧，而是做那些引发它的事情，从而它被巧妙地隐藏起来。

另一种避免羞愧的方法是编造一些宏大的梦想，夸大自己所属群体的价值。例如，把一个小型政治团体或者一个围绕某种精神或价值观聚集起来的团体，拔到实际上没有到达的高度。想象自己无所不能，其他人只要乖乖听话，一切照做，就会变好。穷尽所能地表现得高人一等，把自己吹得神乎其神，让人觉得离了自己就活不下去。用这种方式对抗羞愧，就是用别人的反应来强化自己的骄傲，赶走羞愧。

反抗羞愧的其他常见方法还有：撒谎、找借口、转移焦点或想办法分散自己的注意力。我们也可能会做一些挑战自我或者胆大妄为的事情，不去理会内心强烈的不适。也许反抗羞愧的另一种方法是以牺牲内心的真挚情感为代价，不断寻求外界的认可，例如深受欢迎、有名气或者威望高。

常见的摆脱羞愧的方法还有酗酒或滥用药物。我们用这些化学手段来麻痹自己或转移视线，这在我们清醒之前通常是有效的。有多少人在酩酊大醉时做了一些平时永远不可能做的事情（因为清醒时会太尴尬），而第二天早晨醒来时却为自己的行为感到羞愧难当？前一晚的行为又引发了新的焦虑，让人更不好意思去联系当晚在一起的同伴了。

还有人用性来证明他们从羞愧中解放了。但性也很容易让人暴露自己和自己的缺点，它会让我们再次退缩。从长远来看，我们采用的任何对抗羞愧的方法都无助于我们与他人发展彼此亲近、互相滋养的关系。

我们都被灌输过很多好的/坏的、正常的/不正常的、合适的/不合适的各种概念。当反抗时,我们会竭尽全力摆脱自己不喜欢的一极。如果害怕别人说自己小气,你会用表现慷慨来弥补。你请大家喝酒,或者旅行后送出昂贵的礼物(不管能否负担得起)。如果被告知重要的是要和别人一样,你会事事表现得与众不同、彰显自由,用奇装异服或古怪举止吸引别人的眼球。如果担心被称为"胆小鬼",你就从事危险运动。如果大家觉得拥有财富和奢侈品很重要,那你可能会不买任何东西,反之亦然。

反抗羞愧,不让自己感受到丝毫羞愧,就错过了羞愧最核心的东西。你变得冷酷无情,做出事后后悔的举动。然而羞愧依然在背后啃噬着你,因为它没有被转化,只是被你推开了。这意味着抗拒羞愧很容易让人转而攻击别人或自己。结果会是,再也无法防御从内部吞噬自己的羞愧。

我们都会有反抗的时候,但这一旦成为我们处理羞愧的标准方式,我们就会不断地逃避、疏远他人和自己。如果我们想做出其他选择,就要非常明白,立场的改变不代表本质发生了变化。

想要核心从根本上转变,我们首先需要找到反抗羞愧背后的感受和需要。而首先要做的是,识别出反抗是在试图控制和抗击羞愧。让我们看看,在安娜的故事里这是什么样子。

CASE

"我一点都不在乎"

安娜没有和朋友们沟通咖啡馆的事。实际上，她还有其他事情要忙，比如梦想着自己如何开创一家更好、更神奇的店，一个人人都乐意打卡的地方，吸引各界名流。有时她会想，让他们瞧瞧得罪了谁，但她假装表现得完全不在乎。

她参加各种派对，第二天醒来对前一晚喝醉时所做的事懊悔不已。但她不予理会，认为自己有权玩得开心，没有什么可以阻止她。

安娜听说了需要指南针，她意识到自己一直在叛逆羞愧。其中一个迹象是想象自己高人一等，不需要其他任何人。她喝醉时的行为是另一个警钟，醉酒的时候她觉得自己内心强大，坚不可摧，不需要任何人认可，对别人的感受和需要也不会很敏感。

她怎样使用非暴力沟通处理内心的想法呢？以下步骤简要说明了她知道自己选择了需要指南针上的某个方向后，如何进行非暴力沟通。

1. 首先，观察自己听说朋友们开了咖啡馆后的行为。然后，注意自己在做那些事时的想法。

这些想法可能包括：我会给他们点颜色看看。他们会知道得罪了谁。

2. 然后，联结到这些想法背后的感受。

也许她感到悲伤和孤独。

3. 她问自己，这些感受背后有什么需要。

悲伤或孤独的感受可以帮助她联结到自己的需要，例如关心和归属感。

4. 她问自己，可以使用其他什么策略满足这些需要。此刻，能做些什么满足需要，比如对关心或意义的需要？

在这件事情中，也可以与她相信的能理解她的人聊一聊，给开咖啡馆的朋友们写一封信，或者用其他方式与他们联结。

5. 她可以向别人提出什么请求，帮助她实现第4点中的策略？她可以向自己提出什么请求，帮助自己满足需要？

当你找别人的错时

当再也不想逃避羞愧或责备自己，酒精或药物也无法再麻痹羞愧时，我们可能会转而责备他人。对他人的责备五花八门，从无伤大雅但尖酸刻薄的评价，到真正的羞辱和诋毁都有。责备最终会导致霸凌、蓄意破坏、虐待身体或人身攻击。

此时再退缩感觉也不会好，因为退缩本身会造成更多的羞愧，还有可能被人称为胆小鬼或神经病。自责也不再是一个选项，因为我们既无法忍受低人一等，也做不到攻击自己。

看来只有证明我们比其他人更强大，才能重获尊严。证明自己更优秀、更聪明、更强壮、更大、更快，甚至更卑鄙、更粗俗，这些都是我们选择的高人一等的策略。因此，我们想尽办法指出别人的问题。

超越别人、力证别人不如我们，对我们来说都不是最重要的。最重要的是赢，提高排名、级别变高、贬低别人，至少可以暂时挣脱"我永远不够好"的自我评判，这对我们来说才是最重要的。

与其他三个方向略有不同，当我们往"需要指南针"的这个方向前进时，能量很明显是对外的，并将自己的感受归咎于他人。在贬低他人并使他们低人一等的那一刻，我们暂时可以让自己在羞愧中得以喘息。

在一个群体中，个人的阶层和权力差异很大程度上决定了这种策略实施起来是否容易。通常，职位比较高的人更容易成功地使用这种策略。

这个策略导致的悲剧之一是，每天有多达十万名美国儿童拒绝上学，因为他们害怕被霸凌、被欺负。讥笑和讽刺是这种策略的变体。例如，你对一个自豪地向你展示新车的朋友说：

> 好吧，我想你也就能买得起这个！

如果朋友反唇相讥，他会说：

> 你还好意思说我？！骑着割草机上大马路的是谁呀？

对于大部分人来说，这样的对话侮辱性可能不强，但它清楚地反映了我们使用这种策略时的目的。为了赢，我们不惜一切代价，也不分什么场合。这一策略一旦升级，其侮辱性就和为了显示我们的强大而对别人的要挟、评判和贴标签一样了。有时候人们故作幽默，但目的是为了避免羞愧。如果有人觉得自己受到伤害，公开批评我们的行为，我们可以随时停止，说：

> 就是开个玩笑呀。不要把什么都看那么严肃认真嘛。我们得能开得起玩笑！

这种玩笑在不同社会、不同文化中看起来有所不同，但人们对此的感觉可能都会很糟糕。

在"需要指南针"上,这个方向的特征非常明显,街头小报和新闻中常充斥着这些内容,包括霸凌、打架、蓄意破坏、家庭暴力、街头袭击、强奸以及谋杀等。在瑞典有个说法叫"成人霸凌",也可能是其后果之一。在瑞典,每年约有 300 名成年人死于霸凌。[5]

没有人会因为伤害别人而感觉良好。我很少听过有人在骂完别人或打完架后还很自豪。伤害别人可以暂时带来满足感,但过了一段时间,对自己的表达方式或者行为的羞愧通常会涌上心头。

我百分之百确信,和自己有联结的人不会真心想霸凌或利用别人。

然而,在痛苦的处境中,当我们想为自己的痛苦负责时,我们需要得到大量的同理心才能与自己的内心联结。

任何与自我有联结的人,都知道为他人做贡献有着无与伦比的快乐。我们可以将霸凌者看作是还没有学会用服务于自己或他人的方式来处理羞愧的人。我们还可以把霸凌当作提醒,霸凌者更需要同理心,即使同理倾听他们是艰难的挑战。

CASE

"应该怪他们!"

安娜意识到,想通过挑别人的毛病来处理自己的羞愧的时候,正是可以使用非暴力沟通的时候。她从观察自己的想法开始。在指南针的这个方向上,留意那些别人"应该"做什么的想法,会很有帮助。

1. 安娜暂停了一会儿,倾听自己对自己说的话。她听到了这些想法:

他们是自私的胆小鬼，应该多为别人着想。他们不能这样对我，还不受到惩罚！

2. 然后她联结这些想法背后的需要。这件事情中，需要可能是尊重、支持和关心。

3. 与最深层的需要产生联结时，愤怒会转化。安娜的愤怒转为失望和悲伤。

4. 安娜问自己，在不牺牲他人的前提下，她可以使用哪些策略来满足自己的需要。她决定请一位朋友倾听她，以更清楚地了解自己的内心。

5. 她可以向自己和他人提出什么请求，帮助她满足自己的需要？

6. 在这个特定的方向上，了解与此事相关的其他人的感受和需要也很有效。

支持他人处理羞愧

为了避免羞愧选择去"需要指南针"中的任何一个方向，都会制造新的问题。不同的策略产生的后果不同。我们可能会破坏重要的社交网络和人际关系，让别人误认为我们有问题，或者我们不想与他来往。我们可以使用蛮力，但长期下去会影响别人对我们的信任。弥补这些选择造成的后果可能需要大量的时间和精力。在这种情况下，获得他人的支持显然会很有帮助。

当他人选择退缩时

如果有人退缩,或者看上去放弃了他的需要,你可以向他表示你仍有兴趣保持联结。看一看你是否做了什么事情让他退缩,这样你会被当作可以信赖的人。如果他能看到你没有积极地再做什么事情加重对方早已不堪重负的羞愧,会有助于你重获信任。

当我们与他们建立联结时,一开始他们看起来可能并不会感激。但是我经常听到人们说,促使他们打破羞愧破坏性循环的原因是,知道自己选择了退缩时还有人愿意伸出援手。请记住,除了想摆脱羞愧之外,还有其他原因也会让人退缩。比如说,这个人可能只想要平静和安宁,所以最好问一下他退缩的原因,而不是假设自己什么都知道。

当他人责备自己时

如果有人自责,你可以用诚实表达和同理倾听来应对他的自我批评。你可以倾听他的评判背后的感受,并帮助他找出自己的需要。

如果你选择诚实表达,告诉他在听到他的自我批评时,你内心引起的感受和需要。如果你表达感激,请确保不是为了阻止他自我评判或让他平静下来。赞美或表扬虽然可以让他平静一时,但更像是用来包扎伤口的绷带,不能帮助伤口真正愈合。如果人们只是听到我们保证一切都好,一般不会产生进一步的变化。第二天,他还是会回到老样子。通常,他需要的是同理倾听,而不是鼓舞人心的演讲或者被照顾。

自责的想法携带着服务生命的重要信息——需要。

当他人选择反抗时

从一个人已完成的成就开始一段对话会很有益处。如果你能表达感激,并能看到他所做的事情背后的积极意图,那么他的抗拒可能会降低一些。但是,不要以表扬的形式来表达感激。不要像是批准一样来发表你的意见,比如认为他人很好,或者他做了什么好事。这可能会为他的反抗提供更多的燃料,或者让他认为你在同情他的选择。相反,要表达他的行为满足了你的哪些需要,以及给你的感受。你的需要可能是由于他努力做了什么而得到了满足,却不一定就是他行为的目的。

批评不仅不会创造联结,反而会火上浇油,因为他们想证明自己并不需要得到你的同意。你首先要做的,是用帮助双方取得对现状的共识的方式建立联结。

建立起了联结之后,你可以带着尊重和诚意,告诉他们你看到的让你感到痛苦、生气或担心的事情。告诉他们你看到他们的所作所为对你有什么影响。如果他们听不进去你在讲什么,同理倾听他,然后再次诚实表达。想要和他同频听起来可能是这样的:

> 你说完"我不想再管这件事了"之后就挂断了电话。你这么说是因为渴望有人能更理解你的选择吗?

诚实表达可以是这样的:

> 想起昨晚聚会上我看到你做的事情,我感到很担心,因为我想确定你还好。你能告诉我,听到我刚才说的话,你觉得怎么样吗?

和选择了反抗羞愧的人建立联结,需要慢慢地、逐步进行。如果这个人觉得你是为了限制他的(通常也是他最看重的)自由,就想结束对话。这种反应的背后是他害怕面对长期以来一直试图逃避的羞愧。

当他人选择攻击和责备别人时

> "成为你希望看到的改变。"[6]
>
> ——甘地(Gandhi)

提醒自己,任何与自己的感受和需要有联结的人都不会去欺负别人。一个高自尊的人不需要为了感觉良好而去攻击别人。你可以同理倾听对方的批评,帮助他联结自己的需要并找到新的行动方案。

遇到攻击我们的人,我认为最佳的处理方式就是甘地上面描述的方法。当你选择朝着指南针的攻击方向前进时,便会变得争强好胜,而这会被对方认为你的目的是和他竞争,看谁更强。为了避免羞愧,他采用的策略之一就是争论,因此选择别的联结方式会更有建设性。这样做让我们不再指责谁,而是让对方看到还有其他办法处理事情。我们可以展示出其他沟通方式。也可以展示出除了评判,我们还能倾听他原本试图通过这种(悲剧性的)策略满足的需要。当他相信我们是真心实意想理解他,通常会更能敞开心扉听进去我们要说的话。

现在,我希望把指南针的四个方向都讲清楚了,也希望你受到启发,用更满意的方式处理羞愧。达成这一目标的关键是,一旦发现自己往其中一个方向移动时,记得去了解自己的需要。

为了帮助你了解自己感到羞愧时通常会朝哪个方向移动,你可以做下面的练习。

从羞愧到脆弱的练习

1. 最喜欢的身份

我想被看作……的人:

1. _____
2. _____
3. _____
4. _____
5. _____

2. 不喜欢的身份

我不想被看作……的人:

1. _____
2. _____
3. _____
4. _____

5. _____

被当成这样的人对我来说意味着什么？

这些身份对我意味着什么？

为什么我如此不喜欢这些标签？

它们向我表明了什么需要？

完成以下与你不想要的身份相关的句子：

如果你给我贴上一个标签，把我简化成以下一列我不喜欢的身份，你就不会发现我的多面，我能够做很多事情，包括并不限于……

1. _____
2. _____
3. _____
4. _____
5. _____

（灵感来自布蕾娜·布朗的一个练习[7]）

3. 写日记深入了解羞愧

写日记记录羞愧的经历。可以每周或每天写一篇，以不断了解自己的行为反应。只有觉察自己感到羞愧时的反应，才有可能改变自己不满意的地方。这本日记是学会识别自己逃避羞愧行为的第一步。你可以在下一页看到几个日记范例。

1. 尽可能多地记录你感到羞愧的事情。用 1~10 的等级对羞愧的强烈程度进行打分,其中10代表最强烈。

2. 用需要指南针列出你的反应,并观察当你感到羞愧时你做了什么。通常,不论你往需要指南针的哪个方向移动,这些反应都可能是你的线索,证明有羞愧出现。

3. 将你的反应放在"需要指南针"的一个方向上。

4. 现在或者当天的某个时候,写出在羞愧时强化的关于自己的想法。

日记范例

范例A:

我绕着停车场开了三圈了,再继续寻找空位让我感到很不安。

想法:"我被拒绝了"或"这太尴尬了"。

范例B:

你期待与朋友打约好的电话,但是给他打时,竟然是语音留言。

想法:"哦,他忘了我,我不重要……我猜他不是真的想和我说话。"

范例C:

在很多人注视着你的情况下,你没有表达感受。

想法:"我很害羞,这太尴尬了。"

范例D:

有人说:"答应的事怎么还没做?"

想法:"我被批评了。"

范例 E：

你在谈论感兴趣的事情，突然，听者的脸变得很冷漠，他们注意力涣散，或者说起了别的事情。

想法："我真无聊，这很丢人。"

范例 F：

你和朋友在餐厅就餐。之后，想尽快结账离开餐厅，但记不清是哪个女服务员给自己点菜了。你担心朋友认为你忘性大，所以不想告诉朋友你不记得她的模样了。

想法："只怪自己不够专心，我就是这样的人。"

ANGER
Reclaimi

骄傲使人退步?
骄傲和感激
对感激羞愧
三种类型的骄傲

第六章

外强中干的骄傲

骄傲使人退步？

我发现常有人为使用暴力引以为荣，无论是语言暴力还是行为暴力。"我揍了那个王八蛋！""他罪有应得！""终于让她闭嘴了！"之类的话语表示了反叛，也体现了骄傲。很多电影都是基于比拼谁最强大、谁最暴力而改编的。通常情况下，主角们不仅会使用武力打败敌人，还会在唇枪舌剑中占上风。当人们受到攻击时，能够快速反应，用暴力语言回击回去，这样会是很酷或很聪明的象征。

有可能是人们在骄傲时普遍做出的行为不招人喜欢，所以提起这个词，就会激发人们的厌恶和担忧。它常常让人联想到傲慢、暴力和不尊重等。例如，在基督教中，骄傲（或称作傲慢）被视为七宗罪之一。

骄傲原本的意思并不是我们相信自己比其他人都优秀。对我来说，它是成功完成某事的体验。之前不确定能应付的挑战却成功完成了，庆祝的时候会感到骄傲。然而，有时这可能也会激发我们比其他人更好、更强或更聪明的想法，然后骄傲就变成了我们所指的傲慢。

我们看到的虚荣往往只存在于自己的脑海中。我们想象别人觉得他们比我们优越，但很可能只是我们这么认为。

感到骄傲时的身体反应与羞愧时截然相反。因为希望吸引别人的注意力，我们的身体挺得更直（和羞愧时身体蜷缩相反）；目光直视对方（而不是羞愧时的目光躲闪）；我们的呼吸会更深，胸腔会扩大，看起来体格更大。相反，感到羞愧时，我们更愿意把自己藏起来，或把自己变得渺小一点。

当有所成就时，我们的骄傲自然会被唤醒。为自己的成就而高兴是很自然的事情。作为人类，我们需要庆祝自己能创造改变、满足需要、开拓创新和实现梦想。不幸的是，很多人不允许自己庆祝。也许是我们认为不应该为自己喝彩或者不应该突显自己，因此省掉了庆祝。我有个学员说：

"在我成长的过程中，无论是周围的同龄人还是成年人，都不允许为自己所做的事情感到骄傲。他们的教育并没有成功地让我完全丢掉骄傲，但每当我说自己擅长做什么或者我为孩子感到骄傲时，心里仍然觉得有些羞愧。这感觉不太好，我常常想为此而道歉。即使只是写下来，还是感觉有些不舒服。"

——比吉塔（Birgitta）

骄傲和感激

> "很希望自己能开口告诉别人我生命中发生的好事。例如,我如何为自己感到骄傲的事情做出贡献,而不必感到羞愧。我甚至只是因为庆祝了,并没有觉得自己比别人强,也会感到羞愧。我非常难过自己错过了那么多的欢乐,也难过没能表达成功之后的感激之情。"
>
> ——课程参与者

我经常为满心渴望向别人展示自己的画作或手工的孩子们感到着迷。如果对他们的东西不感兴趣,或者不了解他们的作品对他们来说有多么伟大和重要时,他们会多失望。与别人一起庆祝取得的成就的渴望不会随着年龄的增长而消失,而会终身陪伴我们,就像人类其他的需要一样。

对满足需要的庆祝似乎很短暂。当我们无法表达我们的骄傲和快乐时,快乐就会"变酸",我们会感觉孤独和苦涩。向自己和别人表达骄傲和感激是幸福体验的重要成分。

我们表达感激是为了庆祝需要得到了满足,告诉别人他们做了什么让我们的生命更丰盈,以及给我们带来的感受。如果把感激表述为认可,就失去了庆祝的本质。认可有培养出"比较"思维的风险,认为某人比别人更好,从而造成了距离,而不是真正的骄傲和庆祝。

我们通过赞美、表扬或认可和批准,评判别人是好人、正常的或是优秀的。我们形容他们是怎样的人,而不是说他们如何为我们的生活创造了不同。为了表达能引起自豪而不是优越感的欣赏，我们可以着重于：

> 1. 我感激某人做的某件事情（而不是我对他所做事情的诠释或评判）；
> 2. 想到这件事情，我的感受；
> 3. 他做的事情满足了我哪些需要。

如果不想流于表面的骄傲，当然也可以用这些步骤来表达对自己的感激。

对感激羞愧

为什么有些人收到感激时会感到尴尬？原因之一是感激似乎能够让我们卸下防御。很明显，别人的关注让我们感到脆弱和赤裸裸。真的可以相信他们说的是真心话吗？他们真的理解我吗？他们会要求我未来也像这次一样成功吗？我能达到他们的期望吗？

接受感激也可以让我们感觉强大。这可能会让我们怀疑，在一个被教育不要冒头的世界中，我们能否被接纳。

我把羞愧和内疚看作来自内心的信号，告诉我们忘记了与他人相互联结。羞愧和内疚可以提醒我们留意别人的需要。如果把别人对我们的感激听成是一种认可或批准,而不是为了庆祝他们的需要得到了满足,时间久了我们就想逃避感激。如果看到我们的行为为他人做出了贡献,我们可以加入他们的庆祝,一起为人类有这么多机会相互支持而感到自豪。

三种类型的骄傲

当我们感受到骄傲和自尊时,是因为对自己所做的事情感到开心、高兴或兴奋。想一想以下顺序:

1. 接受了一个有趣的挑战。
2. 采取了行动,离目标更近了。
3. 为成功实现了这个目标感到骄傲和愉悦。

想象一下,一名刚刚进球的足球运动员,双臂举过头顶,胸膛张开,脸上挂着灿烂的笑容。我们都知道这种骄傲的表达方式,无论是足球运动员、政治家,还是其他任何经过努力成就事业的人。

纳散森(Nathanson)谈到了三种不同类型的骄傲,认为我们能以积极的方式体验这三种骄傲。[1] 这样分类的好处在于,我们可以通过每一种类型的骄傲,了解自己的需要。

第六章　外强中干的骄傲

骄傲

为自己的成就感到骄傲时，我们的身体会有表现。下巴会上扬，有时胸脯挺起来，还会直视别人的眼睛。这与羞愧时所发生的情况——低头、眼神下垂，形成了鲜明的对比。

当我们对某事感到骄傲，希望和别人一起庆祝时，考虑以下几点，可以让他们更容易愿意一起为我们庆祝。一是避免比较，或认为自己更好，而是充分表达我们对所取得成就的喜悦。二是我们甚至可以明确地说出成功满足了自己哪些需要。

借来的骄傲

我们为孩子、同事或朋友取得的成就感到骄傲。之所以被称为"借来的骄傲"，是因为这个成就不是我们自己的。当和我们有关的团体（比如，我们最喜欢的足球队）取得某种成功时，就会激发这种自豪感。

在我的家乡，瑞典队打曲棍球比赛时，这种借来的骄傲得到了充分的体现。当三冠队㊀赢了比赛，我们都会说"我们赢了"或"我们是最好的"。当球队没有成功，瑞典队输了，我们就会说"他们输了"或者"他们比不上别人"。

"借来的骄傲"也指我们自己做不到，依赖他人的成功来体验骄傲。我们的骄傲掌握在足球英雄这样的人手中。为什么印着别人名字的球衣卖得这么好，是因为人们想"沉浸在荣耀中"，球星成功地做到

㊀　瑞典国家曲棍球队的名称。

了一些我们无法做到的事情。当然，借来的骄傲背后也有重要的需要得到了满足，就像我们为自己的成功感到自豪一样。

体验到借来的骄傲时，暂停一下，与自己想要满足的真正的需要重建联结将会有好处。无论是靠自己发光，还是从别人那里借得光芒，我们的需要都一样真实。当看到别人取得特别的成就时，我们当然可以感受喜悦，但也要考虑是否有其他方法可以满足需要。这会让你更少依赖他人的行为体验骄傲和喜悦。

基于虚假的骄傲

基于虚假的骄傲指的是编造或夸大事实时产生的骄傲。典型的例子是在《渔夫和金鱼》的故事中，渔夫随着金鱼在不同场景中的变化而变化的情绪。

我们希望被尊重，又希望在别人眼里是特别的，就算这并不是真的。一方面，为了得到想要的东西，我们在冒险，因为一旦谎言超出能接受的程度并被揭穿，我们就有可能失去尊重甚至信誉。另一方面，我们决定相信别人所说的话，因为无法想象他们会冒巨大的风险撒谎。如果我们都不敢想象，自己会冒着被发现后感到双倍羞愧的风险撒谎，我们认为别人也会这么想，因此选择相信他们说的都是真的。

我有一位前同事，大家都知道她言辞浮夸。后来她明白，别人很难完全相信她的话是真的。别人对她的一些评价令她痛苦。有一天，她讲了一个故事。她说起自己如何抓住一条4公斤重的鱼。故事讲到一半，她突然说："一年后，这鱼得长到6公斤了。"很明显，她愿意为自己的夸大其词和基于虚假的骄傲承担相应的后果，这反而赢得了部分同事的信任。如果对夸张已经有所觉察，开诚布公可以帮助我们打破浮夸的骄傲。

当然，基于虚假的骄傲、虚构的故事和夸大其词的背后，也有需要。例如，可能是需要被看到或听到，需要尊重和价值感。如果与这些需要有更多的联结，我们就能表达自己的请求或选择其他策略来满足这些需要，而不是夸大其词。

为了转化基于虚假的骄傲，我们需要相信，即使不用夸大其词，没有宏伟的故事，自己也会被接纳。一种获得信任的方法是提醒自己，任何制造虚假骄傲的尝试背后都有人类美好的需要，例如被接纳、归属感、被看见和被听见。洞察自己在夸大事实，就是一个识别需要的信号。诚实地询问他人，并得到他人有同理心的理解，就能良好地支持我们鼓起勇气，说出真相。

愤怒的目的

暴力的核心

娱乐暴力

从羞愧到愤怒，再到暴力

愤怒想告诉我们什么？

愤怒敲响警钟

愤怒时从一数到十

当我们认为愤怒是错误的

不情愿的后果

女人的愤怒

儿童的愤怒

使用保护性强制力

愤怒管理练习

第七章

不可思议的愤怒

愤怒的目的

> "除非认为自己受到了攻击,否则你不可能愤怒。因此你的反击是正当的,不用负任何责任。"[1]
>
> ——奇迹课程

我3岁的儿子打碎了一个玻璃杯。当我清扫玻璃碴时,他把一袋装着沙子的玩具倒在床上。我清扫沙子时,他把布玩偶放在马桶里游泳,把水泼在地板和他的裤子上。然后,我刚给他换好裤子,终于可以出门的时候,一眨眼他又把裤子脱了。我觉得他很明显是在挑衅我!他想测试我的忍耐极限!

一阵怒火袭来,我冲他吼叫,让他重新穿上裤子!不习惯任何人对他大嗓门嚷嚷的儿子,眼睛一眨一眨地看着我,温柔地说:"现在,我真的很惊讶。"我的愤怒消失了。突然间我明白了,他刚才完全沉浸在自己的想象游戏里,丝毫没有想妨碍我执行自己的计划。让我怒火中烧的是我内心设想的他想要惹恼我并且很不合作的想法,而不是他实际上做了什么。

我们坐了下来,我把他抱在怀里,聊了一会儿后,我哭了。我告诉他我最近压力很大，妈妈为刚才说的话和说话方式感到抱歉，并想了解他现在的感受。他轻抚着我的脸颊说："妈妈，你会学会的。我相信下次你不会这样了。"他温暖的话让我哭得更厉害了。他的话让我意识到，我多么想要记得珍惜我们的联结，而不是把目标看得更重要。

我的例子说明，当我们的想法愚弄了自己，让我们相信自己的感受是由别人造成的，我们会破坏关系。

充分表达愤怒的第一步，是了解愤怒不是因为别人做了什么。当我们生气时了解愤怒背后的需要，它会转化为别的一种或几种强度相同的情绪。可能是强烈的失望、悲伤或恐惧，它们的共同点是，都比愤怒更能让我们了解我们的需要。如果有人同理倾听我们的愤怒，这种转化会以光速进行。与肤浅的指责性愤怒相反，同理倾听帮助我们与自己建立更深层的联结。

当你生气时，提醒自己

1. 生气是因为你的某些需要没有得到满足。
2. 生气是因为你责怪别人没有满足你的需要。
3. 如果你在生气时表达自己，很可能这种表达方式并不能帮助你满足需要。

暴力的核心

> "铲除社会中潜在的暴力，比暴力公开爆发时再维持和平更重要。"
>
> ——贾亚普拉卡什·纳拉扬（Jayaprakash Narayan）

很多年来，我听到人们说，他们对社会中存在如此多的暴力行为感到恐惧和沮丧。有人担心年轻人的暴力行为，另一些人担心男人虐待妇女或儿童，还有些人担心打架的妇女和女孩。在学校工作的人对大量的校园暴力和侮辱性语言表示恐惧。

还有人最担心街头暴力和蓄意破坏行为。人们说我们如今使用语言的方式让人难以接受，儿童和青年已经失去了对权威和成人的尊重。

所有这些都有一个共同的核心。但如果只是关注自己觉得群体或个人的行为是不尊重他人的想法上，我们就无法理解这个核心。我们需要像对待病毒或瘟疫一样对待暴力才会有用。

我们可以选择把暴力或愤怒看成是某个人的过错和责任，但这样一来就出现风险，看不到大多数人在处理充满愤怒的情景时需要支持。为了应对暴力，我们需要改变对人类的看法，看到我们是多么相互依存，并彼此尊重。相比复杂的解决方案，很多人更喜欢简单的方法。比方说，我们可能会选择把疲劳过度归咎于一个人无法维持工作和生活之间的平衡，或者是因为无视压力对人的影响。

然后我们会制订计划来帮助这些人，这可能对他们有用。但这么做，我们忽视了"努力工作"的价值和社会规范。实际上我们认为越努力越好，我们应该不顾一切提高生产力。有一次，我为一家公司举办了员工压力管理的培训。有位学员拒绝做我提议的放松练习，他评论说："老板现在让我们学如何管理压力，只是想要我们更加努力地工作而已。"那天，我学到了很多。

我们可能会认为，只要给某人诊断了症状，我们就找到了冲突的原因，就能把握局面。这样可能会给个人带来一些宁静，但我们没有意识到，仍然需要整个群体的改变才能防止每个人疲劳过度，就像在上文的例子一样。首先要看到人的局限性和可能性。这同样适用于我们对暴力的看法，以及愤怒、羞愧和内疚是如何产生的。如果我们只是把它们看成是个人的问题，那么就有可能错过急需的、重要且必要的社会变革。

娱乐暴力

"在美国，晚上7点到9点是孩子们看电视最多的时候，75%的节目中，英雄不是杀了人就是打赢了谁。所以每个孩子到了15岁的时候，平均每人已经目睹了3万人次好人对坏人的殴打和谋杀。"[2]

——马歇尔·卢森堡（Marshall Rosenberg）

在许多欧洲国家，这一数字可能与上述美国的数字大致相同。很多孩子从很小就开始看充满暴力和竞争的电视或电影节目，《口袋怪兽》《恐龙王》《猫和老鼠》中以及大部分甚至所有迪士尼角色都是如此。我儿子3岁的时候，从幼儿园回到家，跟我讲《口袋怪兽》[○]的情节，好像所有的小朋友都很喜欢。我坐下来听她给我讲这个节目。结果我很震惊，整部动画片从头到尾都是打斗、讽刺和是非好坏的观念。

你有没有想过电影中什么时候打斗和杀戮最为激烈？它们发生在节目的高潮，这时情节最为激动人心，你急切地想看到接下去如何发展。我们从小就系统地学习了以暴力为娱乐，并把它当成处理问题的建设性方式。

每个社会系统或文化都需要一个神话，解释事物为何是现在的模样的故事。只要不断地讲这个故事，并在日常生活中反复证实，这个故事就不再是童话或幻想，而被接受成为现实。这时，即使这个故事让很多人感到痛苦，但还是会接受它。在我们的文化中，我们学到的神话之一是人类是暴力、懒惰、自私、邪恶的生物。很多人都已经不觉得这是一个神话或一种世界观，而是事实。

近几十年来，暴力行为越来越商业化。我们可以清楚地看到，好莱坞电影中的暴力和谋杀案数量增加了好几倍。[3]

电影是神话的强大载体。很多电影中被称为英雄的人，往往是以最残忍的方式伤害别人或杀人最多的人。一切行动都在善恶的旗帜下进行。在电影结尾，证明自己最能有效地使用武力消灭邪恶力量的

○ 《口袋怪兽》是日本的电视节目和电影。

人，被称为武林高手或超级英雄。这些是我们想要传递给后代的价值观吗？这就是我们想传达给孩子们的信息吗？

我们是否愿意赞同这样的观点，即成年人处理冲突的方式是诉诸暴力？

在某些文化中，人们不会把伤害别人的人看作邪恶的或是坏的，他们被看作只是忘记了自己的真实本性的人。在这样的文化中，如果一个人做了伤害他人的事情，周围的人就会专注于提醒他自己的真实本性。人们会向他展示"做人是什么样"，因为人们相信，如果希望他从发生的事情中学到一些东西，这样的方式会比惩罚好多了。[4]

我很好奇，如果我们所拍的电影是基于人类是互相关心、相互合作的生物这样的神话，而且能尽可能多地看这样的电影而不是现在这些相信人类是骁勇好斗的生物的片子，会对我们的文化和我们自己产生什么影响。

从羞愧到愤怒，再到暴力

"但是，愤怒消耗了所有能量去惩罚别人，而不是去满足各方的需要。"[5]

——马歇尔·卢森堡（Marshall Rosenberg）

詹姆斯·吉利根（James Gilligan）根据自己的研究并结合其他专

家的理念，在《防止暴力》一书中得出结论：

> "引发攻击和暴力的（几乎一定会引发这些反应的）最强烈的刺激，不是挫折，而是侮辱和羞辱。"[6]

因此，煽动暴力的最有效方法似乎是侮辱他人——这可能确实是很多人会用的唯一方法。

校园枪击案如今在北美越来越普遍，在芬兰和德国也多次发生，总结一下这些事件的调查结果，我们会发现对尊重的需要一直是这些悲剧的核心。

我的理解是，肇事者内心是如此羞愧，以至于他们再也无法承受，最后演变成了愤怒和暴力。如果他们没有经历过屈辱，就不会爆发出致命的暴力。

学会在悲剧发生之前看到羞愧，是防止暴力的核心。但我们要做的不仅仅是支持那些已经羞愧得超出忍耐极限的人，我们也需要改变滋生暴力的品德、世界观和社会结构。第一步是想办法接纳愤怒的感受，而不是把它看成是错误的。只有这样，我们才有机会了解隐藏在愤怒下面的羞愧。

通常，首先处理羞愧带来的愤怒或内疚，然后才能处理最深层次的羞愧。第五章的需要指南针表明，与其他人一样，纳散森认为我们总是在生气前先感到羞愧。[7]

他认为人都是先体验了某种羞愧，才爆发暴力行为。当有人朝着指南针攻击别人的方向行动时，他们应该是已经尝试了其他方法来处理自己的羞愧，但最终没有别的选择，只能将自己的感受归咎于他人。

这可能很快发生，也可能积攒一段时间后爆发。我们想避免感到羞愧，通过怪罪他人把自己从羞愧中解脱。不管在什么情况下，我常发现愤怒之前有羞愧的影子出现。当尊重和尊严的需要没有得到满足时，就会产生各种暴力，除了刻薄的语言、自我憎恨或揍别人一顿，我们找不到其他处理羞愧的体验。因此，处理羞愧也是处理愤怒的一种方法，它们就像同一枚硬币的两面。

愤怒想告诉我们什么？

>"愤怒是由引发暴力的、让生命疏离的思维方式造成的。"
>——马歇尔·卢森堡（Marshall Rosenberg）

多数情况下，愤怒被视为不好的、不正常的或者应该尽力避免的东西。如果以这种方式看待愤怒，我们就会试图把它隐藏起来，结果它就愈发强烈。

当我们以愤怒的激烈程度来清晰地了解自己的需要和渴望时，愤怒的能量就会为我们的关系服务。但我们把自己强烈的愤怒归咎于他人时，就有可能破坏亲近的关系。在愤怒爆发之前用语言表达自己的感受和需要，是处理它的有效方法。

学习这一点永远不会太晚，但是让我们的孩子从小就生活在一个可以得到支持的系统中不是更好吗？想象生活在一个人们都有能力用语言表达感受和需要的社会，每个人都知道如何倾听别人话语中的感受和需要。这样的社会和我们现在所处的社会截然不同。在这样的社会中，愤怒不会被看成是针对个人的。我们会试着理解愤怒想告诉我们什么。

阿道夫·希特勒（Adolf Hitler）似乎已经明白，对于高压政策的社会体系来说，感受和表达感受的能力是一种威胁。他发现人们表达感受和需要的能力会带来心灵自由，这会使人民难以统治。所以他禁止德国学校的老师教孩子们表达感受。㊀

与自己的感受和需要联结的人永远不会轻易成为被控制的玩偶。

愤怒敲响警钟

让我们把愤怒比作汽车仪表盘上的红色警示灯，燃油快用尽时亮起来。红灯本身其实并不重要，但它表示我们需要停下来，检查一些关键的东西，也许还需要一些帮助来理清思路。

我们需要打开引擎盖，察看发动机的情况。如果我们认为愤怒管理的目标仅仅是关掉警示灯，就有可能产生毁灭性的后果。忽视重要信息，我们就会误解愤怒的原因，只会努力让某人冷静下来，平息他的怒火，这样就错过了重要的事情，比如给车加油，不加的话，发动机可能就坏了。同样，错过愤怒信号背后的信息时，我们就会忽视等

㊀ 在耶路撒冷的大屠杀博物馆中，有希特勒围绕这个主题颁布的几项法令。

待被满足的需要。

学会转化激起愤怒的评判和要求颇有价值。如果不这样做，愤怒往往会占据上风并引导我们做出后悔的选择。这往往意味着最后我们会有更多的需要得不到满足。

愤怒可以帮我们弄清楚最重要的需要，但要理解这一点，我们需要对它想告诉我们的东西有好奇心。当我们责怪他人时，就无力寻找重要的需要。相反，当我们为愤怒和导致愤怒的想法承担责任时，就可以充分利用自身的力量实现我们想要的转变。

> "从我们未满足的需要的角度来评估自己的行为，改变的动力不是来自羞愧、内疚、愤怒或抑郁，而是真正想为我们自己和他人的幸福做出贡献。"[8]
>
> ——马歇尔·卢森堡（Marshall Rosenberg）

愤怒一旦达到了它的目的——你用它来关注自己的需要和看重的东西——就会被转化。这不是去压抑怒火，也远远不止平静下来那么简单。当触碰到自己的需要时，你体会到的情绪可能和愤怒一样强烈和痛苦，但它们有不同的味道。

愤怒时从一数到十

可以说，大脑在我们生气时被绑架了，那句古老的谚语很有价值：生气时"从一数到十"，然后再采取行动。如果想找到这些感受背后的需要，就有很大的优势让自己有时间与内心联结。愤怒的背后是有用的信息。

大部分人都会出现导致羞愧、内疚和愤怒的想法，与这些想法交朋友的一个重要步骤是停下来，给内心的暴力足够的空间（只在自己心里）以及充足的时间，来确定我们需要什么，希望在这种情况下采取什么样的行动。这可能会让人感到别扭，因为在生气时我们通常会做出自动化的反应。

还有很多人试图过滤掉并拒绝愤怒，但这样的结果是，要么爆发，要么压抑过久变得抑郁。"从一数到十"是一个很好的建议，因为在生气的时候，我们经常需要时间来做出能够服务于我们的选择。

当我们认为愤怒是错误的

"现在你生气了！"

我5岁的儿子耸起肩膀，迈着重重的步伐把我甩在后面，显然很不高兴。我觉得又气又累，央求他：

"如果是我弄坏了你的玩具，难道你不会生气吗？"

我因为他在车顶上撞出了一个洞而火冒三丈。那天晚上，儿子和我的一个成年朋友出去，他对这人耳语道（但声音大得我能听到）：

"我可不敢走开，不然妈妈会弄坏我的玩具的。"

我的心都碎了。我不希望他这样，因为我的威胁让他没有了安全感。这是一个很明显的例子，让孩子想象自己处于和我们类似的境地，希望借此来打动他的心，但他听到的更像是威胁或要求，而不是理解我们。

在权力凌驾型文化中，愤怒表明有人做错了事情，要受到惩罚。在注重滋养生命的文化中，愤怒则被看作是重要的需要没有得到满足的标志。

我们不需要判断口渴、开心或疲倦的感觉是否正常，同样判断愤怒是否正常也没有多大用处。重要的是，为了采取行动应对导致愤怒的原因，我们倾听它，并从中获益。我喜欢马歇尔·卢森堡下面的这段话。

"想要充分表达愤怒，先要充分意识到我们的需要。另外，我们需要很多能量满足需要。但是，愤怒消耗了所有能量去惩罚别人，而不是去满足各方的需要。"[9]

我在斯里兰卡举办了一次非暴力沟通培训，当时一群天主教修女也来参加了。她们很安静，说话声音小得我几乎听不到。我问她们想从培训中听到什么，一些人低头看向地板。随后，出乎我意料的是，她们一个又一个开始充满羞愧地、用近乎耳语的声音说：想学习如何处理愤怒。在培训期间，我逐渐对她们有了更多的了解。她们以前被灌输的是"愤怒是坏事，是问题"。于是，她们一旦开始感到不安，就什么也不敢说。最终，压抑的怒火就像爆发的火山。对于这些女性来说，最终忍不住爆发表达压抑的愤怒时，方式看起来不怎么漂亮。

我花了不少时间才向她们解释明白，愤怒是一个值得关注的宝贵信号，生气并没有错。绝大部分人发现她们愤怒的背后是有需要的。她们还意识到，如果能够触碰到这些需要，就能以更容易接受、甚至享受的方式处理愤怒。

接受和应对愤怒的五个步骤

1. 停下来，呼吸，什么也不做，什么也不说。

2. 允许自己给所有的评判和要求留出足够的空间。当你拥抱评判时（而不是进一步评判这些评判），观察你内心发生的变化。

3. 联结评判和要求背后的需要。

4. 与你的感受联结。当愤怒的感受转化为其他同等强烈的感受时，你就与自己的需要联结。

5. 表达感受和未满足的需要，并且提出你认为有助于满足需要的请求。

不情愿的后果

正如我在前面提到的，愤怒与谁"应该"或"不应该"做什么的各种想法密切相关。另外，认为一个人的职责是什么，以及孰是孰非的想法也是引发愤怒的常见原因。非暴力沟通的基本假设之一是人乐于给予，但前提是由衷的，而不是被要求。对此，我曾经有过一次非常痛苦的领悟。在和一个朋友的相处中，很多次我真的很想说"不"，但我都说了"是"。我执着地认为，如果把他当朋友，就应该慷慨、乐于分享，并且无论自己是否愿意都应该支持他。

每次我口是心非地说"是"的时候，我的恼火和他在我心目中的敌人形象就与日俱增。最后，他已然成了一个怪物，但我还是很礼貌地答应他的要求。有一次他来我家，未经同意就从厨房桌子上的果盘里拿起一颗小蜜橘。"从我家的水果碗里拿水果，**没有问我可不可以！**"——我内心的反应之剧烈令自己大为震惊，因为我通常很欢迎朋友们来家里做客，也喜欢看到他们宾至如归。可这次我气得发抖，脑海里浮现各种对他使用暴力的想法。看着他剥皮吃橘子，我几乎无法忍受。然而，我还是什么都没说。

我们没有谈此事，然后他离开了。在稍微冷静下来之后，我意识到自己说了太多次"好"，我需要更诚实地说出他的选择对我的影响。一些朋友支持我厘清想对他说的话，并邀请他过来谈谈。

我们谈了这次事情以及双方希望如何相处。我得到了一个宝贵的认识，那就是——如果我说的"好"不是真正的"好"，并且没有由衷地给予，我和别人都将为此付出代价。

让我们回到第二章中安娜的故事，看看这个理念如何反映在她的事情中。如果她生气地威胁朋友，强迫他们同意她加入那个项目，他们最终可能会答应。但这也可能给安娜带来持续的不确定性，因为大家都本能地知道由衷地给予是多么重要。她也许会一直怀疑他们，会被"他们并不想要我"的想法所困扰，一起开咖啡馆的快乐也很容易被这种疑云所笼罩。

如果朋友们因为安娜的失望感到良心不安和内疚，然后同意做一些他们其实不想做的事情，那么他们的真实想法和疑虑最后也有爆发的风险。这些想法可能以冷嘲热讽、讽刺挖苦的形式出现，朋友们也可能会对安娜产生诸多不满甚至厌恶。

女人的愤怒

愤怒的女人有很多别称。在历史中，一些不流血的自由运动里，比如妇女解放运动，女性被轻蔑地称呼为各种别称。而在男人之间的血腥对决中，那些"赢"的人通常被称为英雄。

我曾经问过一些朋友，他们知道多少形容盛怒的女人和男人的词语。男人的词汇列表很短，但关于生气的女人的词汇却非常多。也许有这么多的词来描绘生气的女性形象说明一件事，即生气超出了女性应有的行为准则。这样一来，愤怒成为相当挣扎的内心斗争。

女人生气时，往往比男人更可怕，看上去也更不合适。我认为这也是造成女性有时难以表达愤怒的原因之一。生气的女人令人生畏，因为她打破了我们对女人应该有的习惯性行为模式的认知。

但是压制愤怒会损失很多力量。我把强烈的愤怒——不管来自谁——都看成是一种迹象，表明深层价值观受到了威胁。如果能听到这个人看重的价值，我们就更容易尊重这个人的愤怒，而不会觉得他们的愤怒是过分的。㊀

儿童的愤怒

很多人认为愤怒是天生的，并把婴儿的某些行为解读为愤怒。有许多研究表明，男孩往往比女孩更易怒。关于身份发展的研究表明，人们对女孩的期望和态度与对男孩的不一样。观察成人对婴儿的回应的几项研究表明，如果成人事先知道孩子的性别，会影响到他们对婴儿的看法。[10] 根据先前知道的孩子性别，他们对婴儿的哭声有不同的反应。如果是女孩，他们会说：

——她哭是因为她伤心和害怕。

对于同一个孩子，如果他们以为是男孩，会说：

——他哭是因为他生气或恼火。

㊀ "联合心灵"（*United Minds*）(2007) 的研究表明，55% 的瑞典女性对生气感到羞愧，而只有 25% 的瑞典男性对此感到羞愧。

使用保护性强制力

当情形过于激烈时，只用语言无法和别人产生联结。我们甚至可能担心有人会受到伤害。在这种情况下，我们可以动用其他的力量，而不是仅靠语言来阻止冲突。重要的是，我们干预的意图是为了保护对方而不是惩罚。同样重要的是，在尽可能保护任何人免受伤害之后，为了建立联结和相互尊重，接下来尽快进行对话。

如果我们在生气，说明我们还不够清醒，不能专注于保护而非惩罚。正是我们的评判点燃了怒火，认为自己有权力让他们得到应有的惩罚。生气时，我们充满了评判，以至于无法倾听他人的感受和需要。

我有位朋友是一个单身母亲，她有时在经济上比较困难，所有额外开销对她来说都是一个挑战。她儿子在屋子里玩球时，她会让他停下来，不要损坏东西。可是他不停，于是我的朋友向我咨询。我建议她可以让儿子做她想要他做的事，告诉他原因，而不是让他不要做某事，或者强调不想要他做的事。接下来，她让儿子在地板上滚球，并解释了原因。他置之不理，继续拍球。她三番五次想同理倾听儿子，让他在地上滚球，还是没有任何结果，这时我建议她把球拿走，保护家里的用品。

"但我希望他感到自由。"她疲倦地回答。我警觉地看着她又要求了几次儿子滚球。但是她变得越来越烦躁。最后她受够了，迅速而生气地把球从儿子手中夺走，放到了很高的地方，让他够不着。她儿子当然非常失望,大叫起来。此时妈妈心里非常恼火,很难去同理倾听和关心他。

几天后我们聊到这件事时,她意识到,自己等了这么久才采取行动,以至于与自己的需要失去了联结。她渴望被听见。她生气是因为没有为自己对安全的需要站出来,没有早一点儿把球拿走。

她意识到,若不是等到生气时才采取行动,她就更能理解儿子,温柔地回应儿子的失望。如果她早点干预,比如早些把球拿走,与自己保持联结,同时这样说,"现在我很担心,我会把球拿走,保护东西不被碰坏。我会拿走球,把它收起来,也想听听你的感受如何。你还有什么别的好玩的玩具可以玩吗?"她仍然可以联结到自己的需要,也会发现这样更容易帮助孩子管理自己的愤怒和失望。

可以帮助我们应对愤怒的一些假设

1. 愤怒从其他潜在感受中获取能量。
2. 愤怒是因为有人采取了不能为我们服务的行为带来的结果。
3. 我看待事件的观点会影响我是否生气,也会影响我使情况朝着我希望的方向发展的能力。
4. 我们可以将愤怒看成是一个警示灯,而不是一个错误,它可以帮助我们看到自己心里充满评判,而忘记关注自己的感受和需要。
5. 我们生气是因为对别人和他们的行为的评判。觉察这些评判会帮助我们为自己的感受负责,而不是归咎于他人。
6. 所有包含要求的想法都有可能引起愤怒。它们是可识别的，因为包含了像应该、必须、正确、你的责任和我的权利、错误、恰当和不恰当这些词汇。

7. 即使在激烈和用尽全力地表达自己，我们也可以通过将感受与自己的需要联结起来，对自己的感受负责。

8. 如果将愤怒和它背后的想法与需要联结，有时外在情况未发生变化，愤怒也可以被转化。

9. 我们可以表达愤怒，同时承担愤怒的全部责任，方法是表达感受和需要，而不是表达我们对是非对错的评判。

10. 我们可以通过全心全意地理解对方的行为来处理愤怒和导致愤怒的思维过程。如果能够倾听别人想通过某种行为来满足的需要，那么就可以有效地转化我们的愤怒。

在第三章中，我认为，**一旦触碰到自己的需要，我们就不再生气了，因为怒气已经转化为其他情绪，更接近我们内心的需要**。我经常用这个理论检查我的愤怒是否得到了转化。

愤怒管理练习

1. 是什么让你生气？

列一个清单，写出别人做了哪些事情激起你的愤怒。确保你所写的是观察，而不是解读或分析。使用写下的清单学习管理你的愤怒。

在一些需要特别注意的事情中，它可以用来提醒自己。

对发生的事情，能够区分自己是在解读、评判、分析，还是在进行实际的观察，是处理愤怒的第一步。我们能如实地看到发生的事情，而不是用自己对事情的想法和感受来评判或诠释它们，就更容易联结到自己得到满足或未满足的需要。这也是处理那些导致愤怒的想法的重要一步。当我们生气时，什么都不说通常更有效，因为说出来的话常常浓墨重彩地染上了责备或惩罚别人的色彩。

为帮助你找出生气的原因，可以完成以下句子：

- 我讨厌那些_____的人。
- 那些_____的人，应该_____。
- 我对那些_____的人感到生气。
- 当我看到别人_____时，我很生气。
- 当_____的时候，我都要气疯了。

2. 转化愤怒

（1）想一想某人做的一件激怒你的事情。用和一个知心好友聊天一样的方式简要描述一下当时的情况。允许自己使用符合当时体验的语言。选择一个对你有意义的、可以全身心投入体验的情况。

（2）现在描述一下你观察到的对方的行为。把你对所发生事情的诠释转化为对实际发生事情的观察。

（3）你认为生气的原因是什么？你有哪些评判？你告诉自己别人应该做什么？

（4）联结自己在这种情况下本想满足的人类共通的需要。使用上面第（3）点中列出的评判和要求来明确自己的需要。还可以从第三章的需要列表中获取灵感支持。

（5）与这些需要联结时，有什么感受出现？除了愤怒，还有其他情绪吗？

多花一些时间做这一步，真正触碰到需要后，看看自己的感受是否有所变化，而不是试图强迫感受改变。如果感受没有变化，你可能需要更多时间，或者再做一遍前面几步。你还可以继续探索下面的步骤，看看愤怒是否会变化。

（6）把对方当人看。试着让自己站在对方的角度，如果你像他当时那样做（第（2）点），他可能会有什么感受或需要。试着猜一猜对方在那种情况下的感受和需要。

（7）把注意力集中在自己和对方的需要上。这样做时，你有什么感受？

如果你仍然生气，请返回第（3）步重新开始做。

（8）如果愤怒已经得到转化，你已经联结到"新的"感受背后的需要，对于自己或者对方，你想提出什么请求满足需要吗？

3. 愤怒转化后的表达

在与他人沟通之前，你可以先问自己：

"我清楚自己是对什么产生反应了吗？"

"我和自己的感受和需要有联结吗？"

"我有没有猜一猜对方的感受和需要？"

还有一个重要的问题是：

"我清楚接下来希望发生什么吗？"

如果这一点你还不是很清楚，那么先练习"转化愤怒"可能会更有成效。

如果上述问题你都有答案，那就可以进行沟通了。不要告诉对方你对他的评判，那会妨碍你们之间的联结，只是沟通你的感受、需要和希望接下来发生的事情。

很有可能与你沟通的人也非常需要被倾听。请记住，你只是在倾听对方的表达，不代表你认同或愿意按照他的想法行动。如果清楚地展示给对方，你在努力理解他，你很可能会惊讶地发现，他正快速开始相信他的需要对你很重要。通常情况下，他也更愿意倾听你的需要。如果对方相信，做决定的时候他的需要也会被考虑在内，想必他也愿意用不同的方式处理这种情况。人们做一件事的原因和做这件事同样重要。不管人们是出于责任、内疚、羞愧还是为了获得奖励或害怕被惩罚而做事情，双方的关系总是会很紧张，双方会牺牲信任，怀疑对方的善意或者丧失信心。可以参考接下来的要点来明确自己如何表达。

（1）写下你想对对方表达的观察、感受、需要和请求。

（2）写下对方可能的回应。

（3）对方的言行表达了什么感受和需要？为了和对方联结，做一个同理猜测。

（4）只要你觉得有意义就继续写下去。轮流同理猜测和表达自己的感受、需要及愿望。

喋喋不休的内疚
羞愧与内疚的区别
引起内疚和羞愧的想法
将内疚转化为需要
停止扮演上帝
内疚和要求
内疚和替罪羊
内疚和自信、自尊
金钱和内疚
从内疚中解脱
内疚转化练习

第八章

喋喋不休的内疚

08

喋喋不休的内疚

晚上 9:10

上床睡觉,心里想着刚刚结束的一天,"今天没有内疚。"迷糊一会……醒了!满心愧疚,我还没有给我妈打电话,她想让我去她那儿过夜。如果现在给她打电话,我担心愧疚和胃痛会增加。我爸是个酒鬼,爷爷也是,我妈觉得这是她的错。她觉得在一起很舒服的人只有我,从我记事起就是这样。我应该要更关心她一些。我困了。

晚上 10:30

睡不着。我可以撒谎说我病了……不行!

还可以说今天整天都有客人,这是真的,但无论如何我还是有空给她打电话的。我也可以撒谎说已经打过了但没人接……我这是在做什么,为什么我需要为这事撒谎?睡着了。

晚上 11:15

我再次醒来。我的头因为太累而沉重。我想坐起来,身体僵硬得就像一块石头,很累,但我知道肯定再也睡不着了。我伤心透了。

索尼娅

第八章 喋喋不休的内疚

羞愧和内疚常常同时出现。当我们处理导致内疚的想法时，通常也能帮助我们处理羞愧。如果不管我们的羞愧，接下来就很容易感到内疚。它们可能和各种想法混在了一起，例如：

为什么当时我什么都没做？
为什么我没看到？
为什么我什么都没说？
他正遭受痛苦，我却在享受生活，怎么能这样？

内疚很少让我们改变，但常常引导我们撒谎。我们对内疚手足无措，于是在害怕有人会因为他们的痛苦而责怪我们时，说出不同版本的真相。内疚是一个迹象，表明我们很痛苦，纠结在两个或多个相互影响的事物之间到底如何做出选择。一方面，想做一件事，因为这样能够满足我们的某些需要。另一方面，我们又感到内疚，因为做出的选择也影响了自己为他人做贡献的需要。我们告诉自己应该做什么，想去弄清楚接下来该怎么行动，而内心还在进行激烈的斗争。

有时我们硬着头皮去做认为自己应该做的事情，但事后往往觉得很酸楚，尤其是与他人交往的过程中。也可能我们想要无视那些觉得应该做的事情。一开始我们可能会享受选择的自由，但却冒着巨大的风险，因为羞愧和内疚最终会在某个时候跳出来啃噬我们。我们坚定不移地相信必须放弃一些需要才能满足其他需要。

> **当你感到内疚时,提醒自己**
>
> 1. 感到内疚是因为至少有两种需要没有同时得到满足。
> 2. 这两种需要都同样重要和美好。
> 3. 你感到内疚,因为你认为必须有人放弃些什么,才能满足这些需要,或者因为你并没有看到这些需要的美丽之处。
> 4. 如果你在触碰到这些需要之前就采取行动,那么无论怎么选择,都会代价惨重。

羞愧与内疚的区别

> "内疚说我做错了;羞愧说我有问题。内疚说我犯了一个错误;羞愧说我就是一个错误。内疚说我做得不好;羞愧说我就是不好。"[1]
>
> ——布拉德肖(Bradshaw)(1988)

心理学家西尔文·汤姆金斯(Sivan Tomkins)有一项研究,是关于测量情绪在身体中的特定反应的,他没有发现内疚在人类身体上有任何特定的表现。我们会因羞愧而脸红,但不会因内疚如此。汤姆金斯称内疚为道德羞愧,因为他认为内疚的本质还是羞愧。[2]

可以说,羞愧源自关注自己人有问题,而内疚来自做错了事情。有时我们感到羞愧时不会感到内疚,但内疚的核心几乎总是有一丝羞愧。当它们同时出现时，就更难应对了。没有做应该做的事情你会感到内疚，而内疚消失后，羞愧却挥之不去，你会觉得自己做了这个或那个，所以自己是个多么可怕的人。

羞愧意味着我们存在"我是一个失败者"的想法，记住这一点能够帮我们区分羞愧和内疚。羞愧可能由某个行为引发，但"自己是什么样的人"的想法都是因为我们的所作所为引发了羞愧。例如，"我"对某人撒谎并为此感到羞愧。即便后来说出事情的真相，羞愧仍然存在，因为羞愧不是关于行为本身，而是关于"我"是一个多么糟糕的人，如"我"是个骗子。

当我们做了自己觉得不应该做的事情，或者没有做觉得自己应该做的事情的时候，我们就会产生内疚的感受。这并不意味着我们认为自己本人毫无价值。

引起内疚和羞愧的想法

对与错的想法引起内疚和羞愧，"应该"的想法导致内疚。

责备自己：

为什么我什么都没做？

我应该为孙子们做更多的事情。

我应该给予更多。

我不配以现在的方式生活。

责备别人：

我不明白你怎么可以这样对我，因为你，我的生活变得没有任何意义！我觉得我的生活无望了。

羞辱别人：

你到底是怎样的人？我以为你是我可以信任的人，但你只关心自己！

羞辱自己：

我还算是人吗，这么不在乎别人？

我真蠢。

我长得很丑，难怪没人愿意靠近我。

我把事情弄得乱七八糟，别人会怎么想？

也许我们会做些什么来摆脱羞愧，但是导致羞愧的想法不会因此而改变，认识到这一点对我们会大有裨益。这些想法和引起内疚的想法相反，有时当我做的是自认为分内的事时，内疚就消失了，至少是暂时的，但羞愧不一样。比如，我觉得我应该帮自己年迈的妈妈擦窗户，一旦擦好了窗户，内疚就消失了。因为内心抗拒帮她，我觉得自己不正常。这种想法带来的羞愧并没有因为我帮她擦了窗户而消失。通常，如果我不是由衷地去做一件事的话，我们的关系就会不纯粹。

这种情况的代价往往是以后会失去这种善意。

羞愧和内疚的另一个较大的区别是：感到内疚时，我们常常害怕自己会受到一些惩罚；而感到羞愧时，我们则担心被排斥或是不被接纳。

羞愧和内疚都可以是我们生活的导航仪，帮我们思考想要过什么样的生活。然而，剂量如果太大的话，两者都会变得难以控制。

内疚和羞愧的想法常常困扰我们，无法帮我们意识到自己的需要和渴望。学会区分它们的原因之一是，这样有助于我们更轻松地触碰到我们的需要。

刺激我们内疚和羞愧的事情之间并没有严格的区分。让一个人感到羞愧的情况，可能会使另一个人感到内疚。

将内疚转化为需要

当我们感到内疚时，经常只能听见自己的一个方面。通常，我们把内疚称作内心冲突，我们的行动满足了自己的某些需要，但却牺牲了另外一些需要。

当我们试图打破旧的模式时，内疚常常会出现，或许是为了满足很久以来都没有得到满足的需要。内疚好像是"为了让我们再次回到熟悉的旧路上"，它想带领我们回到熟悉的、安全的、知道自己会被接纳的地方。

一旦回到过去熟悉的老路上，内疚可能会减少，但内心的不满又可能会增加。如果我们不去倾听自己新的渴望背后的需要，内疚又会开始让我们感到心灰意冷、了无生趣、心情沮丧。为了解脱，我们可能开始酗酒。

我们需要找到一种方法，倾听把自己往不同方向拉扯的不同的声音，也需要找到新的策略服务我们所有的需要。假设已经做了什么并且已经感到内疚，我们就要学会倾听内疚背后的两种需要——内心的批评和那样做想要满足的需要。

如果只听到批评自己的声音，我们将永远认为自己不够好（"需要指南针"上自我批评的方向）。如果对自我批评的声音置之不理，我们的内心往往会变得冷漠，因为这样封闭了我们也希望能够关心他人的那个重要部分，这时我们和自己的感受作战，并为所欲为（"需要指南针"上反抗的方向）。无论我们选择哪一个方向，都会做出对他人或自己都无益的决定。当你遇到这种情况时，请使用下面的步骤来转化内疚。

转化内疚的步骤

1. 当你感到内疚时，停下来，呼吸，并与自己内心当下鲜活的东西联结。

2. 给所有的评判和"应该"的想法留出空间。倾听各种想法，但不要对它们采取行动。

3. 问自己，这些想法是提醒你有哪些需要。

4. 问问自己，如果选择不做你觉得应该做的事情，能满足什么样的需要。

5. 问问自己，能做些什么满足你在第3点和第4点中发现的需要，或者至少把它们纳入考量。

6. 内疚转化之后再采取行动，即使你可能还不知道如何去满足所有需要。允许自己去哀悼你现在还不知道如何去满足的需要。

停止扮演上帝

"永远不要把权力让渡给任何系统，使它凌驾于你之上，逼你顺从或者反抗。"

——马歇尔·卢森堡（Marshall Rosenberg）

权力的一种定义是有能力采取某种行为，创造你期待看到的改变。为了有效地沟通，区分我们有能力和没能力促进的改变会很有用。要做到这一点，我们需要停止"扮演上帝"，不要再做那些自己以为可以掌控但其实无法控制的事情。这会让我们更有能力以想要的方式使用自己的力量。明白这一点之后，我们可以在自己拥有决定权的事情和超出了权力范围的事情之间划清界限。

在沟通和关系中，我们可以掌控什么？分界线在哪里？

1. **我们可以掌控的：**

——如何表达。

——我们话语背后的意图。

——我们对其他人的回应。

——如何处理自己对别人话语的反应。

2. **我们无法掌控的事情：**

——其他人对我们的言语和说话方式的反应。

——别人说话的意图以及他们说话的方式。

——其他人选择做什么或者说什么。

我们可以选择自己的行为方式，却不能选择别人如何被我们的行为影响。我们所做的一切都会影响周围的环境，但我们不能选择是什么时候产生何种影响。区分可以掌控什么、无法掌控什么，让我们有力量采取行动，而不是一味地唠叨。

我们没办法改变事物的性质，但可以自由选择和它之间的关系。如果我想减肥，又一味想吃糖果，我就可能不得不结合大量的运动。我可以选择吃甜食，但无权决定它含有多少卡路里，或者对我的身体有什么影响。如果能接受与环境的这种相互作用，那么我们的行动和沟通就会容易一点。我们可以学会与周围的环境和谐相处，而不是与它进行持续的权力斗争。

一旦我们相信别人的情绪是因为我们而产生的，就会听到别人跟我们说，要为对方的失望负责之类的话。比如，有人对我们说："因为你不关心我，所以我感到失望。"

当我们意识到自己并不是创造别人内心情绪的上帝时，通向慈悲的路就会变得更短。现在我们可以听到这个人的痛苦，这是一个信号，表明他需要更多的关心或爱。既然知道了自己不对他人的感受负责，我们可以用自己的选择为他做出贡献。不是因为责任或想避免内疚而贡献，这将对我们的关系产生完全不同的影响。

内疚和要求

一旦认为自己拥有权力决定别人的生活和他们的选择，要求就会出现。我们可以影响别人的生活和选择，但我们不能替别人做出选择。最终，是对方自己做出选择。如果我们要求别人应该或必须以我们喜欢或希望的方式做出决定，而他拒绝了，我们可能就会生气。

当我们想要通过让别人感到内疚来强迫他做什么事时，最终会引发信任危机和意愿问题。假设人们愿意做贡献，乐于丰富自己和他人的生命，当他们体验到由衷的贡献时，我们就可以动用自己的力量与他们合作，而不是强迫他们。由于我们能够对不同的行为方式持开放态度，影响他人的能力因此而增强了。

当要求别人的时候，我们的态度向对方表明，我们正打算牺牲他的需要来得到自己想要的结果。想要获得凌驾于无法改变的事物之上的权力时，我们实际上就失去了原本拥有的力量。

内疚有时会促使我们改变一些行为，但它往往会让我们做事三心二意，因为我们行为背后的意图并没有真正改变。我们这样做事只是因为我们认为应该这么做，也是为了避免内疚，而不是因为想由衷地做出贡献。

内疚和替罪羊

只要牺牲一只山羊，问题就会消失！

想象一下，在工作场所发生冲突时，你提出了上面这个建议，会怎样被同事嘲笑。然而，冲突真正发生时，对话的内容往往就是找到一只替罪羊。发生冲突时，我们想要找一个人去怪罪。我们想找是谁的错，谁不应该做什么，谁应该被惩罚，以便把事情向前推进。

寻找替罪羊的想法出现在希望并要求某人承担责任的时候。但什么是替罪羊？替罪羊是可能无辜的人，但他作为祭品来取悦众神。寻找替罪羊意味着找到一个人或一个群体来为出错的事情负责。惩罚一个人或几个人往往比找出真正的因果关系更容易。

> "他将把双手按在山羊的头上，对它承认以色列人民所有的邪恶、悖逆和罪孽。就这样，他把百姓的原罪转移到了山羊的头上。然后特选一个专门完成这项任务的人把山羊赶到旷野。当山羊走进旷野的时候，它把所有人的罪孽背在自己身上，进入荒凉之地。"[3]

圣经中（例如在《创世记》里）有不同的关于替罪羊的故事。通过仪式，人们的原罪象征性地转移到了动物身上，然后动物被献祭。很多其他宗教也描述了类似的仪式。

替罪羊只是一只山羊而已，神父将以色列人过去一年的罪过和恶行转移到它身上，为百姓赎罪。山羊本身并没有做错什么，但它被献祭，以清洗人们的罪孽。㊀

对我来说，让山羊为人们的所作所为承担罪过的想法真的很荒谬。然而在社会组织和家庭中，在各种语境下，这样的方法比你能想象的要普遍得多。古老神话和宗教仪式对我们的影响比通常认为的要大得多。比如下面的例子：

（1）踢得不好的球员可能成为替罪羊。他被点名，要对球队出现的问题负责。在某些情况下，教练也可能因为球队成绩不佳而受到指责。

（2）在我调解过的很多组织中，各个部门成员都会指证不同的人是替罪羊，争议往往陷入困境。一旦出现麻烦，提出的问题就是"这是谁的错"或者"谁应该为此负责"，问题不假思索，来得很快。必须有人负责，这一点几乎就是一个自然法则。因为已经出了大问题，组织内部总是在追查谁应该受到惩罚，甚至谁应该被炒鱿鱼。

（3）多年来，瑞典人一直在争论谁应该为爱沙尼亚号游轮的沉没或者为泰国的海啸这样的灾难负责。找个替罪羊就能让事情变好（在这些悲剧性的情况下当然是不可能的）的信念似乎很强大。

（4）承担罪责有时被认为是"高尚的"，网络上人们为各种事情

㊀ 基督教认为耶稣为人类赎罪，被钉死在十字架上，可以被看作是终极受害者或替罪羊。

承担骂名。

我们有时会把责任甩给其他人来减轻自己的负担,至少这给了我们暂时的平静。内疚的时候,如果能找到别人的问题,我们觉得很好,或者干脆承认就是自己的错,希望这一切赶紧结束。就像一只山羊被献祭给众神,可以减轻人们的罪恶,我们觉得知道了应该怪罪谁,我们就可以消停了。

问题是,如果整个团队失败了,不能把责任让一个人担。如果这样做,整个组织就错过了从错误中吸取教训的机会。这甚至会让效率更加低下,以后也很容易发生同样的错误。

在组织中出事的时候我们寻找替罪羊,会发生什么样的真实情况呢?发现了谁是罪魁祸首,我们可以给予相应的惩罚,然后呢?之后一切都重归于好了吗?悲剧在于,即使背后的意图是重新创造和谐氛围,但很不幸的是,这样的好事很少发生,至少被牵连的人会不得安宁。更多的时候,这会导致人们更难谈论之前的错误,还会尽可能长时间地掩盖真相。

内疚和自信、自尊

内疚(和羞愧)会影响我们所说的自信和自尊。对我来说,自尊和自信是用来描绘我们认为自己是什么样的人以及我们如何行为处事的词汇。留意这样的想法,并想想我们有多么认同自己是"缺乏自信的人"，会很有帮助。

我在使用自尊和自信的概念时会有些担心，因为它们常常是被用来描述人们所拥有的东西。这可能会传达一个观念——自尊和自信是静态的，无法改变。但是，只要愿意向羞愧和内疚背后的脆弱走近，我们所谓的自信和自尊就可以改变。我们要做的第一步，就是觉察自己告诉自己的、关于自己的那些想法。

自信

我们会在内心衡量和评估自己的行为、技能和成就。而我对自信的定义就是：一个人处理这些内心评价的能力。如果我说一个人拥有良好的自信，那么意思是指这人可以有效地利用他的能力来听取这类来自内心或外界评价的信息，并且能够把它们转化成有用的东西。

自尊

而对于自尊，我把它定义为对自己的批评及评判的管理能力。处理批评的能力，取决于对英文的动词原型"是"（be）的了解：

"我是……的，我还是……不够的，我应该是要更……一点，……"

在使用"良好自尊"这个词的时候，我指的是这样的人，他能够快速翻译这类内心评判或外界批评，理解其核心是为生命做贡献。能做到这一点，他就能处理好最令人烦恼的内疚。

金钱和内疚

——我在公司的薪水比前台要高,她总是说她买不起这个、买不起那个。在她面前,我都不敢提到我最近的冲动消费。我藏起我的购物袋,在工作的时候穿了新衣服也感到羞愧。

——我很羞愧,因为上个生日我从爸爸那里得到了一份昂贵的礼物,而他生日的时候我却买不起送给他的礼物。我感到如此羞愧,甚至都没有去参加他的生日聚会。

很有钱和很穷都可能成为羞愧和内疚的基础。这两种情况下,羞愧和内疚都会妨碍我们与他人的联结。我们渴望被接纳,这往往导致我们不敢告诉别人和我们的钱财有关的事情。我问过很多人,他们都不知道自己的朋友、孩子或父母的收入是多少。

在培训中,常有学员很想学习如何处理金钱关系,他们需要帮助的通常是这样两种不同的情况:要么是他们在伸手要钱时感到羞愧,要么是他们为花钱的方式而感到内疚。

多年来,我和合作伙伴们在爱沙尼亚组织并主持了为期一周的非暴力沟通课程。每年,由于课程参与者来自不同的国家,生活水平差异很大,我们尝试过采用各种不同的方式来收学费。我们很想让那些只能付很少学费的人也来参加。有一年,我们向来自东欧和西欧的学员收取了不同金额的学费。在培训期间,我们公开了课程的收支账目,然后询问参与者对不同收费的反应。我们有了心理准备,准备迎接西欧学员的抗议，猜想他们会觉得支付更高的学费是不公平的！

结果反应最强烈的人却是来自东欧的一个学员，她认为自己被放在某个"盒子"里是一种羞辱。她讨厌仅仅因为她来自世界的某个地方，就被看成是穷人。她说她甚至都觉得自己是"二等公民"，这太丢人了。还有其他几位学员也同意她的看法。

如果我们所在的文化宣扬"成功面前机会均等"，那么没钱就很容易让人感到羞愧。一方面，没能力挣很多钱让人感到羞愧。另一方面，对挣到的钱不满足也会让人感到羞愧。

好莱坞源源不断制作感人的电影，讲述那些克服一切困难而获得成功的人。这些故事通常都是"基于真实事件"，并传达出这样的信息：只要足够努力，你就几乎可以在任何事情上获得成功。这是否也在说，如果你又穷又不快乐，就意味着你还不够努力来改变自己的处境？"种瓜得瓜，种豆得豆"之类的想法，让我们很容易无视周围的实际情况。

从内疚中解脱

"对我来说，处理我儿子的愤怒一直很难。多年来，我竭尽全力地与他的怒火做斗争，从试着安慰他、忽视他的愤怒，到责骂他，或怪罪其他小孩。最重要的是，我要让他有地方发泄怒火。我总是感觉自己要对他的行为负责，而且还为他的愤怒感到内疚和羞愧。

"昨天，在我参加了两天非暴力沟通培训之后，他在学校打架了。

回到家中，我坐在他旁边，倾听他说话，我猜他的感受和需要，最后他在我怀里哭了起来。我们聊了很久，又静静地待了一会，我没有像以前那样对他在学校发生的事情感到内疚。我只是感觉到了与他的联结。"

——苏珊

在组织了一期以愤怒、羞愧和内疚为主题的非暴力沟通培训后，我收到了以上鼓舞人心的留言。这些话说明了走出内疚后，我们可以自由地向他人敞开心扉。如果为别人的沮丧或悲伤感到内疚，我们就会忙于应付自己的内心世界，无法考虑别人。

内疚常常让我们无法倾听彼此。如果有人在和我沟通时承担了罪责，就说明他没有听到我当时的需要。如果发现和我说话的人在自责时，我通常会试着做以下几件事情：

（1）请对方重复我的感受，并将我的感受和需要联结起来。这样会帮助他看到我想为自己的感受负责。

"我想确定我刚才把自己的意思表达清楚了。你愿不愿意告诉我，你听到我表达了什么感受和需要吗？"

（2）猜猜在那个当下，对方的哪些感受和需要是鲜活的。我会告诉对方我的猜测或只在心里猜测。

"我猜你听到我不来很失望，因为你现在迫切需要得到一些支持，是这样吗？"

（3）让对方帮助自己解释清楚自己。我可以这样说：

"我在想，你是不是觉得我说的话里有责备的意思？你是否愿意帮我换一种表达方式，让你清楚我有这些情绪并不是因为你？"

内疚转化练习

1. 引发内疚的清单

写下让你感到内疚的情形的清单。使用这个清单来觉察内疚并提高处理内疚的能力。此列表可用来提醒你也许需要特别留意的情况。

如果你认为自己从来没有觉得内疚，我建议你多想想是否有时候会做什么来避免内疚，很多时候这几乎是自动完成的，因此我们根本没有时间觉察自己正在体会这些感受。

内疚常常伴随着各种各样的厌恶或者不适，因为忙着不惜一切代价力图避免内疚，因此常常不去留意它们。如果能早一点识别内疚，就更容易管理它。这样，那些让你内疚的想法就无法停留在你潜意识里，而是得到转化，并支持你更深入地了解自己的需要。使用下面的问题查看内疚是否进入了你的生活。

——正在发生什么？内疚出现的时刻，你观察到有什么事情正在发生。

——在这种情况下，你告诉自己应该做什么。

——在这种情况下，你告诉自己不应该做什么。

——你对自己有什么看法？你对自己有什么评判？

——你对其他人有什么看法？你如何评判别人？

——你听到别人说了什么？

——你听到自己说了什么？

我的一个内疚的例子：

我在和姐姐见面时好像总会内疚，当我接纳了这一点，就能够触碰到自己的需要。我意识到，只要一见到她，甚至只要一想到要和她见面，一种固有的思维模式就占据了我的头脑。随着我持续注意观察自己内心的波澜起伏，我发现内疚是想提醒我为自己的需要代言，因为我在和她接触时经常放弃自己的需要。

当我开始为自己的需要站出来，同时仍然与她保持联结时，内疚再也不用每时每刻来提醒我自己的需要了。

2. "内疚日"练习

选择一天，专门探索"不要为了避免内疚而做任何事"的含义。带一个笔记本，写下以下几个步骤，用来记录你这一天里得到的感悟。选好日子后，请进行以下几步：

第一步：

当你发现自己准备做什么避免内疚的时候，不要做这件事！这样做不是为了让自己更内疚（通常，意识到内疚时，就已经足够内疚了）。你只需要发现什么时候感到了内疚，然后什么都不要做，不要企图让它消失。

第二步：

注意内疚背后的需要，以及与需要联结时的感受。

第三步：

弄清楚想要避免内疚是想满足什么需要，以及没有满足的需要是什么。

第四步：

当你和这些需要联结时，你想做还是不想做那些让你感到内疚的事情？

如果仍然很难知道真正想做什么，提醒自己事情没有什么对错之分，也没有什么事是应该或必须做的。

你准备好面对后果了吗？你想对谁提出什么请求吗？

后 记

这本书的写作时间比我想象中的要长得多。最初想写的是一本关于愤怒的小册子，结果越写越多。愤怒、羞愧和内疚原本只是三种感受，其中混杂了一些我认为很有意思的想法。只有真正停下来花时间，仔细观察内疚、羞愧和愤怒，才知道在这些感受的底层会发现什么。在我之前，有很多作家、电影制作人和研究人员探索过这个问题，我得到了来自他们的各种灵感并从中受益，在此特别感谢他们的帮助。

我要感谢和我一起探索它们的这些人，如果没有他们，我走不了这么远。这趟旅程中帮助我的人还有很多，但我特别想提一下凯·让（Kay Rung）、卡翠那·霍夫曼（Katarina Hoffman）和约翰·雷曼（Johan Rinman）。他们和我争论，为我欢呼，帮我修改，和我一起整合知识，以及提供其他很多帮助。

在完成本书后，能写下这本书的后记，这很美妙。与此同时我也会感觉有些悲伤，因为一项可能会进一步发展、进一步扩展、进一步完善，同时会带来更多新的想法和方法的工作，要结束了。但我还是欢欣雀跃地完成本书，希望并且确信我所写的内容会对作为读者的你们有所帮助。

我期待下一次感受到羞愧、内疚或愤怒的时候，希望你也有这种期待！

丽芙·拉尔森

注 释

第一章

1. http://www.compostera. org 091125.
2. Rosenberg. Marshall. *Nonviolent Communication, a Language for Life*. PuddleDancer Press. 2008.
3. From the article *Anger and Domination Systems*, by Marshall Rosenberg. www.cnvc.org.
4. Research by United Minds 2007.
5. Kohn. Alfie.*Unconditional Parenting, Moving from Rewards and Punishment to Love and Reason*. Atria Books. 2005.
6. Isdal. Per. *Meningen med våld*. Gothia förlag. 2001.
7. Nathanson. Donald L (1992), *Shame and Pride*. W.W.Norton&CO.
8. Isdal. Per(2001) *Meningen med våld,* Gothia förlag.
9. http://www.karinboye. se/verk/dikter/dikter-mcduff/you-shall-thank.shtml.

第二章

1. Hartmann. Thom（2001）. *The Last Hours of Ancient Sunlight*. Hodder and Stoughton.
2. http://sv. wikipedia. org/wiki/Indoeuropeiska_språk. April 25th 2010.
3. http://en. wikipedia. org/wiki/Nicolaus_Copernicus. 20 January 2010.
4. Rosenberg. Marshall（2005）. *Speak Peace in a World Of Conflict, What You Say Next Will Change Your World*. PuddleDancer Press.
5. Wink. Walter（2000）. *The Powers That Be: Theology for a New Millennium*. Doubleday Image.
6. Bown, Dan（2009）. *The Lost Symbol*. Random House.
7. Eisler. Riane（2007）. *The Real Wealth of Nations: Creating a Caring Economics*. Berrett Koehler.

8. *Anger and Domination Systems*, article by Marshall Rosenberg. www.cnvc.org.

第三章

1. De Saint-Exupéry, Antoine (1995) *The Little Prince* Wordsworth Editions Ltd.
2. Goleman, Daniel (2006). *Emotional Intelligence*. Bantam Books.
3. Rosenberg, Marshall (2007). *Nonviolent Communication, a Language for Life*. Puddle-Dancer Press.
4. Grossman's source for this striking statistic is R. L. Swank and W.E. Marchand, "Combat Neuroses: Development of Combat Exhaustion", Archives of Neurology and Psychology. Grossman, Dave (2009) *On Killing-The Psychological Cost of Learning to Kill in War and Society. Little,* Brown & Company.
5. http://www.ivaw.org/josh-stieber.100526.
6. Obama, Barack (2008), *The Audacity of Hope-Thoughts on Reclaiming the American Dream* Faber & Faber.
7. Browm, Brené (2008), *I Thought It Was Just Me (But It Isn't) -Women Reclaiming Power and Courage in a Culture of Shame*. Gotham Books.
8. Brown, Brené (2008), *I Thought It Was Just Me (But It Isn't) -Women Reclaiming Power and Courage in a Culture of Shame*. Gotham Books.
9. Gjerde.Susanne (2004). *Coaching, vad-varför-hur.*Studentlitteratur.

第四章

1. Nathanson. Donald L (1992). *Shame and Pride*. W. W Norton&CO.
2. Cullberg Weston. Marta (2008). *Från skam till självrespkt*. Natur&Kultur.
3. Larsson. Göran (2007), *Skamfilad-om skammens många ansikten & längtan efter liv*. Cordia/Verbum förlag AB.
4. Rosenberg. Marshall (2007). *Nonviolent Communication, a Language for Life*. Puddle Dancer Press.
5. United Minds (2007).
6. Nathanson.Dinald L (1992), *Shame and Pride*. W. W. Norton&CO.
7. Can, Mustafa (2006), *Tätt intill dagarna. Berättelsen om min mor*. Norstedts.
8. United Minds 2007.
9. Wennstam, Katarina (2005), *En riktig våldtäktsman: en bok om samhällets syn på*

våldtäkt. Albert Bonniers Förlag.
10. Gullvi Sandin.SvD. "Oj vad vi skäms" 8 oktober 2007.
11. Schlink. Bernhard (1998). *The Reader*. Orion Publishing CO.
12. The exhibition *Hedersrelaterat våld-en fråga för de andra*? Piteå museum 4 Okt-22 Nov 2008.
13. United Minds (2007).
14. Nathanson. Dinald L (1992). *Shame and Pride*. W. W. Norton&CO.
15. Skårderud. Finn (2002). *Oro*. Natur&Kultur.
16. http：//sv.wikipedia.org/wiki/Lawrence_Kohlberg.
17. http：//en.wikipedia.org/wiki/Affect_theory.100202.
18. United Minds (2007).
19. Sjödin, Agneta (2007), *En kvinnas resa*. Bazar förlag.
20. Bach, Richard (1977). *Illusions, The Adventures of a Reluctant Messiah*. Dell Publishing.
21. Brené Brown (2008) *I Thought It Was Just Me (But It Isn't) -Women Reclaiming Power and Courage in a culture of Shame*. Gotham Books.

第五章

1. Nathanson, Donald L (1992). *Shame and Pride*. W. W. Norton&CO.
2. Søren Kierkegaard: Enten-Eller. Anden Deel. Ligevægten Mellem Det /Esthetiske og Ethisk I Personlighedens Udarbeidelse. Gyldendal 1962-1964.
3. See for example Michael Moore's movie "Bowling for Columbine" from 2002.
4. Rosenberg, Marshall (2004) The Heart of Social Change. PuddleDancer Press.
5. http：//users.utu.fi/inorri/vuxenmobbning.htm 20th September 2009.
6. Gandhi.Mohandas (1995) *My Experiments with Truth*. Highbridge Audio.
7. Brené Brown (2008) *I Thought It Was Just Me (But It Isn't)-Women Reclaiming Power and Courage in Culture of Shame* Gotham Books.

第六章

1. Nathanson. Donald L (1992). *Shame and Pride*. W. W. Norton&CO.

第七章

1. A Course in Miracle: *Text, Workbook for Students and Manual for Teachers* (1997), Viking.
2. From the article "Anger and Domination systems" by Marshall Rosenberg. www.cnvc.org.
3. Eisler.Riane (2001). *Tomorrows Children*. The Perseus Books Group.
4. See the article on *Anger and Domination* (www.cnvc.org) where Marshall Rosenberg talks about a group of people called the Orang Asili or read Benedict, Ruth (2006), *Patterns of Culture*. Mariner books.
5. Rosenberg.Marshall (2007). *Nonviolent Communication, a language for life*. PuddleDancer Press.
6. Gilligan. James (2011). *Preventing Violence*. Thames&Hudson.
7. Nathanson, Donald L (1992). *Shame and Pride*. W.W.Norton&CO.
8. Rosenberg. Marshall (2007). *Nonviolent Communication, a Language for Life*. PuddleDancer Press.
9. Rosenberg. Marshall (2007). *Nonviolent Communication, a Language for Life*. PuddleDancer Press.
10. Fausto-Sterling. Anne (1985). *Myths of Gender: Biological Theories About Women and Men*.

第八章

1. Bradshaw. John (1988). *Healing The Shame That Binds You*. Health Communications inc.
2. Nathanson, Donald L (1992). *Shame and Pride*. W.W.Norton&CO. www.tomkins.org.
3. *The Bible* Leviticus 16:21–22.

参考文献

Alakoski, Susanna. *Svinalängorna*. Bonnier pocket.2006.

Bach, Richard. *Illusions, The Adventures of a Reluctant Messiah*. Dell Publishing, 1977.

Benedict, Ruth. *Patterns of Culture*. Mariner books, 2006.

Bradshaw, John. *Healing The Shame That Binds You*. Health Communications inc. 1988.

Brown, Brené. *I Thought It Was Just Me (But It Isn't) - Women Reclaiming Power and Courage in a Culture of Shame*. Gotham Books. 2008.

Brown, Dan. *Den förlorade symbolen*. [The Lost Symbol] Albert Bonniers förlag. 2009.

Buber, Martin. *Skuld och skuldkänsla*. [Guilt and Guilt Feelings] Dualis förlag. 2000.

Böhm & Kaplan. *Hämnd och att avstå från att ge igen*. [On revenge] Natur och Kultur. 2006.

Can, Mustafa. *Tätt intill dagarna. Berättelsen om min mor*. [The Story of my mother] Norstedts. 2006.

Clark, E Mary. *In Search of Human Nature*. Routledge. 2002.

Cullberg Weston, Marta. *Från skam till självrespekt*. [From shame to self respect] Från Natur och Kultur. 2008.

Damasio, Antonio. *På spaning efter Spinoza. Glädje, sorg och den kännande hjärnan*. [Looking for Spinoza: Joy, Sorrow, and the Feeling Brain] Bokförlaget Natur och Kultur. 2003.

Diamond, Jared. *Vete, vapen och virus.En kort sammanfattning av mänsklighetens historia under de senaste 13 000 åren*. [Guns, Germs and Steel] Norstedts. 2006.

Eisler, Riane. *Bägaren och svärdet, vår historia, vår framtid*. [The Chalice and the Blade]

Friare Liv. 2005.

Harper. *Sacred Pleasure: Sex, Myth, and the Politics of the Body.* 1996.

Berrett-Koehler. *The Real Wealth of Nations: Creating a Caring Economics.* 2007.

Fredriksson, Marianne. *Anna, Hanna och Johanna.* [Anna, Hanna and Johanna] Norstedts audio. 2006.

Foundation for inner peace. *A Course in Miracles.* Foundation for inner peace. 2007.

Gandhi, Mohandas. *My Experiments with Truth.* Highbridge Audio. 1995.

Galtung, Johan & Andreas. *En Flygapelsin berättar.* [Stories from a flying orange] Vita Älgen förlag. 2003.

Gibson & Klein. *What's Making You Angry. 10 steps to Transforming anger So Everyone Wins.* Puddle Dancer Press. 2004.

Goleman, Daniel. *Emotional Intelligence.*Bantam Books. 2006.

Hartmann, Thom. *The Last Hours of Ancient Sunlight.* Hodder and Stoughton. 2001.

Isdal, Per. *Meningen med våld.* [The meaning of violence] Gothia förlag. 2001.

Kashtan, Inbal. *Föräldraskap från hjärtat, att föra medkänsla, kontakt och valfrihet vidare till nästa generation.* [Parenting From the Heart] Friare Liv. 2006.

Kohn, Alfie. *Unconditional Parenting, Moving from Rewards and Punishmen to Love and Reason.* Atria books. 2005.

Kjellqvist, Else-Britt. *Rött och vitt: om skam och skamlöshet.* [Red and white: about shame and shamelessness] Carlssons förlag. 1993.

Larsson, Göran. *Skamfilad - om skammens många ansikten och längtan efter liv.* [The many faces of shame] Cordia/Verbum förlag AB. 2007.

Larsson, Liv. *A Helping Hand. Mediation with Nonviolent Communication,* Friare Liv. 2008.

- *Relationships.* Friare Liv. 2012.

Lerner, Harriet. *The Dance of Anger: A Woman's Guide to Changing the Patterns of Intimate Relationships.* Harper Collins books. 2005.

Liedloff, Jean. *Kontinuumbegreppet. Sökandet efter den förlorade lyckan.* [The Continuum Concept] Carlssons. 1986.

Milgram, Stanley. *Lydnad och auktoritet.* [Obedience to Authority] Wahlström & Widstrand. 1975.

Nathanson, Donald L. *Shame and pride. Affect, Sex and The Birth of The Self.* W.W. Norton&CO. 1992.

Obama, Barack. *Att våga hoppas.* [The Audacity of Hope] Albert Bonniers Förlag. 2008.

Rosenberg, Marshall.

- *Speak Peace In A World Of Conflict, What You Say Next Will Change Your World.* PuddleDancer Press. 2005.

- *The Surprising Purpose of Anger, Beyond Anger Management: Finding the Gift.* PuddleDancer Press. 2005.

Saint-Exupéry, Antoine de. *Lille Prinsen.* [The Little Prince] Rabénoch Sjögren. 2006.

Sjödin, Agneta. *En kvinnas resa.* [A Womans Journey] Bazar förlag. 2007.

Skårderud Finn. *Oro.* [Worry]Natur och kultur. 2002.

Quinn, Daniel. *Ishmael.* Bantam Doubleday Dell Publishing Group Inc. 1995.

Wennstam, Katarina. *En riktig våldtäktsman: en bok om samhällets syn på våldtäkt.* [A real rapist] Albert Bonniers Förlag. 2005.

Wink, Walter. *Powers that be. Theology for a New Millennium.* Double-day Image. 2000.

Wink, Walter. *Engaging the Powers Discernment and Resistance in a World of Domination.* Fortress P. 1992.

Bowling for Columbine Moore, Michael. 2002. DVD.

Children of tomorrow. Eisler, Riane. DVD. 2004.

Managing Shame, Preventing Violence: A Call to Our Clergy. Nathanson, Donald L, DVD. 2003.